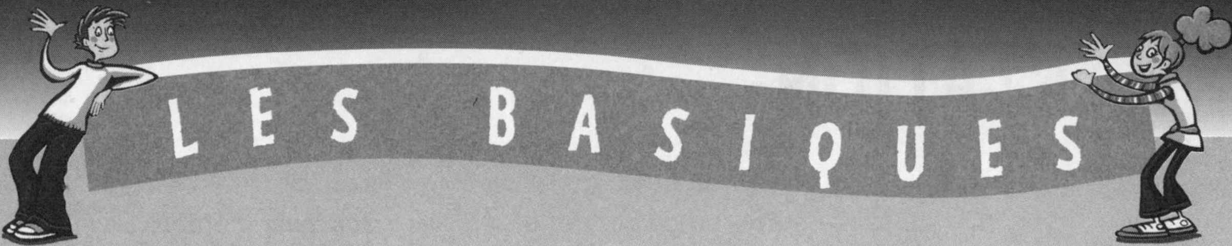


# Anglais 5e

Nicole Gandilhon
*Professeur certifié*

*Illustrations*
Frédérique Vayssières



Bordas

BORDAS APPREND À PROTÉGER LA PLANÈTE

# PRÉSENTATION

*Ce cahier a été rédigé par des enseignants soucieux d'établir un lien constructif entre le collège et la maison et offre un très large éventail d'exercices. Par un entraînement régulier et systématique, l'élève pourra ainsi assimiler les compétences grammaticales et lexicales essentielles (Palier 1 niveau 2) définies par les nouveaux programmes de l'enseignement des langues au collège.*

*Ce cahier est construit sur un modèle simple :*

LE CAHIER

## S'interroger

Toute séquence commence par une question que l'on peut se poser sur chaque notion essentielle.

## Comprendre

Chaque question est suivie d'une réponse claire, facilement mémorisable.

## S'entraîner

Une série d'exercices ciblés (corrigés en fin de cahier) permet de s'entraîner efficacement sur la notion abordée.

LE LIVRET

Au centre de ce cahier, le *livret* (détachable) propose à l'élève treize fiches thématiques illustrées de vocabulaire de la vie courante et de culture générale.

### POUR BIEN UTILISER CE CAHIER

- ✔ *Aborde les séquences dans l'ordre ou en choisissant directement une notion qui te pose problème.*
- ✔ *Prends bien le temps de lire les consignes avant d'effectuer les exercices demandés.*
- ✔ *Si certains exercices représentent pour toi une difficulté particulière, relis à nouveau la règle attentivement et reporte-toi si nécessaire à une présentation plus développée de la notion dans ton manuel scolaire.*

# SOMMAIRE



## LIVRET DE VOCABULAIRE

# LES MOTS TRANSPARENTS ET LES 'FAUX AMIS'

## Qu'appelle-t-on mots transparents ?

Dans l'immense majorité des cas, les mots qui sont **les mêmes** – ou sont très semblables – **en anglais et en français** ont le **même sens** dans les deux langues. Ils sont donc très utiles pour la compréhension, surtout à l'écrit. **Secret, parents, village, instrument, prince, question.**

✔ *Les mots transparents ne sont pas toujours faciles à reconnaître à l'oral car leur prononciation est souvent différente en anglais. Quand tu apprends un mot nouveau, transparent ou non, retiens bien sa prononciation.*

**1 Les noms de ces objets sont des mots transparents. La première lettre de chacun te donnera un autre mot transparent très répandu.**

**Le huitième mot est :** ..........................................................................................

**2 Entoure les mots transparents de ce texte.**

The other week, I took all my family on a surprise trip to the zoo. We took a taxi to the station because it's quite a distance from our house. The train was on time, and we arrived there early in the afternoon. I think it's cruel to keep animals in cages, even dangerous animals. We saw lions and tigers, elephants and zebras and giraffes. We spent three or four hours there, and then we went to a little park near the zoo and had a picnic with sandwiches and cakes, tea and lemonade for the children. It was a really special day.

## Comment reconnaître les 'faux amis' ?

Il n'y a, malheureusement, pas de règle. Quand tu rencontres un 'faux ami', note bien son sens et **efforce-toi de le retenir**.
Voici quelques faux amis que tu as peut-être déjà rencontrés :

- **cave** = grotte alors que 'cave' se dit **cellar** ;
- **cap** = casquette alors que 'cap' se dit **cape** ;
- **injure** = blesser alors que 'injurier' se dit **insult** ;
- **library** = bibliothèque alors que 'librairie' se dit **bookshop**.

✔ *En cas de doute, tu peux toujours consulter un lexique ou un dictionnaire ; les 'faux amis' y sont souvent signalés comme tels.*

**3 Mets en relation ces faux amis et leurs équivalents français.**

| | |
|---|---|
| **1.** sensible | **a.** cours/plat |
| **2.** crane | **b.** filet |
| **3.** journey | **c.** raisonnable |
| **4.** net | **d.** endroit |
| **5.** course | **e.** voyage |
| **6.** place | **f.** grue |

# LES NOMBRES, LES NUMÉROS, LES DATES

## Dit-on les nombres et les numéros de la même manière ?

Il n'y a qu'un mot anglais pour dire nombre et numéro : **number**.
**Odd numbers** = les nombres impairs.
**He is number one.** = Il est numéro un.
**A phone number** = un numéro de téléphone.

• **Nombres :**
Tu as déjà appris les nombres anglais en sixième mais n'oublie pas qu'au-delà de **100** (**a hundred**) le mot **and** apparaît juste avant le dernier groupe.
126 : **a hundred and twenty-six**

• **Numéros :**
Pour les numéros de téléphone, les codes, etc., on dit chaque chiffre séparément.
02 46 84 55 73 se dit : **O** (la lettre o), **two, four, six, eight, four, double five, seven, three.**
N° de code 6185 se dit : **code number six, one, eight, five.**

✔ *En anglais, on utilise le point et non la virgule pour indiquer les décimales.*
*6,52 (six virgule cinquante deux) = 6.52 (six point five two).*

**1 Écris en toutes lettres les indications chiffrées.**

- There are 665 pupils in my school. ..........
- Tim's phone number is 208 860 4161. ..........
- An inch is 2.54 centimetres. ..........
- One mile is 1.6093 kilometres. ..........
- What's your door code? It's A5639. ..........

## Comment dit-on les dates ?

On dit généralement les dates par tranches de deux chiffres.
**1994** se dit **19 94** : **nineteen ninety-four.**
Pour les années 2000 et les suivantes, on dit : **two thousand.**

✔ *N'oublie pas que l'on dit le jour du mois en utilisant les nombres ordinaux.*
*Le 5 novembre 1998 = the fifth of November nineteen ninety-eight.*

**2 Écris l'année en toutes lettres.**

- William the Conqueror became King of England in 1066. ..........
- The Great Fire of London was in 1666. ..........
- Rudyard Kipling published *The Jungle Book* in 1894. ..........
- The Beatles started in 1960. ..........
- In 2000, the Olympic Games were in Sydney. ..........
- The 2004 Olympic Games were in Athens. ..........
- I was born in ......... (*écris ton année de naissance*). ..........

# LA FORME 'BE' + VERBE EN '-ING' AU PRÉSENT

## Quand employer la forme be + verbe -ing au présent ?

On emploie cette construction pour parler de ce qui se passe dans une **situation** particulière. On fait, en quelque sorte un **commentaire** de ce qui se passe au **moment où l'on parle**.
Listen! Lisa's singing. Écoutez ! Lisa chante.
Petite comptine (nursery rhyme) pour un jour de pluie
It's raining cats, it's raining dogs Il pleut des cordes, il pleut des hallebardes
It's pouring from the skies, Il pleut à verse du haut du ciel,
It's fun for cats, it's fun for dogs C'est la fête aux grenouilles (chiens/chats)
But, oh poor butterflies. Mais, pauvres papillons.

✔ *N'oublie pas qu'il faut deux éléments pour cette forme : l'auxiliaire be conjugué au présent et le verbe, avec la terminaison -ing.*

**1 Dans cette lettre, entoure les formes be + -ing au présent.**

Dear Nina,
It's beautiful weather here today. I'm sitting in a café, looking at your photo and thinking of you. What are you doing?
We're having a great time here, and I understand a few words of Italian now.
Oh, I have to go now. The bus is coming, and I want to visit Pisa today.
See you soon!
Lots of love, Paul.

**2 Écris la légende qui convient.**

a.  ……………………
b.  ……………………
c.  ……………………
d.  ……………………
e.  ……………………
f.  ……………………

## Quels changements y a-t-il aux formes interrogative et négative ?

On retrouve l'auxiliaire be conjugué au présent et le verbe terminé en -ing.
• À la **forme interrogative**, l'ordre des mots est très strict : be + sujet + verbe -ing
Are you sleeping? Tu dors ?
• À la **forme négative**, il y a apparition de la négation not : sujet + be + not + verbe -ing. I'm not sleeping. Je ne dors pas.

✔ *N'oublie pas les formes négatives contractées : isn't, aren't.*

**3 Les réponses sont là mais les questions ont disparu, retrouve-les.**

…………………………………………… He's eating an ice cream.
…………………………………………… We're all watching a film.
…………………………………………… John's using my computer.
…………………………………………… I'm reading the letter you sent me.
…………………………………………… I'm feeling much better, thanks.
…………………………………………… France is winning the match.
…………………………………………… I'm working in a bank in London.

## Peut-on employer la forme be + -ing au présent pour autre chose qu'un commentaire ?

**Oui.** Pour parler de ce qui va se passer parce que cela a été décidé, programmé, on emploie **be + -ing** au présent avec une valeur de futur.
En français aussi, on emploie le présent avec une valeur de futur : *Qu'est-ce que tu fais la semaine prochaine ?* En anglais, on dirait : **What are you doing next week?**
Il y a souvent (presque toujours) dans la phrase un **repère temporel** qui indique que l'on parle du futur. Cela peut être :
- un **horaire** (**at ten,** à dix heures) ;
- un **moment de la journée** (**in the afternoon,** l'après-midi) ;
- un **jour**, un **mois**, une **saison** ou une **année** à venir (**on Friday,** vendredi) ;
- une **expression du futur** (**tomorrow,** demain).

✔ *Retiens bien les prépositions employées avec les différents repères temporels :*
*at + horaire et fête,*
*in + moment de la journée, mois, saison, année,*
*on + nom de jour.*

### 4 Souligne les repères temporels du futur dans cette lettre.

Hi John,
Thanks very much for your letter. This is just a quick reply because we're leaving in a few minutes and going away for Liz's birthday. We're staying the night with Liz's parents, and tomorrow morning, we're all driving to London. Liz and her Mum are going shopping all day, of course. In the evening, we're having a surprise party for Liz, and some of her old university friends are coming. If you can come, just send me a message.

See you soon, Rob.

### 5 Traduis en anglais.

- Mes cousins viendront à Noël.
.............................................
- Est-ce que tu pars demain ou dimanche ?
.............................................
- Nous n'irons pas au cirque samedi.
.............................................
- Nous faisons une fête la semaine prochaine.
.............................................

### 6 Indique si ces phrases parlent d'une situation présente ou d'une action programmée.

**a.** She can't talk now. She's washing her hair.
.............................................
**b.** John's meeting us at eight outside the cinema in George Street.
.............................................
**c.** We're having a really good time here.
.............................................
**d.** Somebody's knocking at the door.
.............................................
**e.** Are you coming to my party on Saturday?
.............................................
**f.** My Mum's out doing some shopping at the moment.
.............................................
**g.** I'm thinking of you.
.............................................
**h.** We're spending next summer in England.
.............................................
**i.** Sally is visiting her aunt next week.
.............................................

# LE PRÉSENT SIMPLE

## Pourquoi dit-on présent simple ?

Parce qu'il y a un seul élément. La forme affirmative se construit tout simplement avec : **sujet + base verbale** à toutes les personnes.
I play tennis on Saturdays. Je joue au tennis le samedi.
**Mais la 3e personne du singulier** prend une marque distinctive :
**on ajoute un 's' à la base verbale.**
Joan calls me everyday. Joan m'appelle tous les jours.
Quand on ajoute le 's' de 3e personne, il y a parfois de petits changements d'orthographe :

- Pour les verbes terminés en 'ch', 'sh', 's' ou 'o', on intercale un 'e'.

Watch → He watches TV. Il regarde la télé.
Wish → He wishes you luck. Il te souhaite bonne chance.
Miss → He misses England. L'Angleterre lui manque.
Go → He goes away. Il part.

- Pour les verbes terminés par une consonne + 'y', on transforme en 'ies'.

Worry → He worries a lot. Il se fait beaucoup de souci.

✔ *N'oublie pas de prononcer le 's' de la 3e personne : [s], [z] ou [iz].*

**1 Complète le texte avec les verbes suivants à la forme qui convient.**

*catch, go, stop, leave, take, get, leave, buy, have, make, shave, work, wake, brush.*

John ............... up every day at 7.00, ............... to the bathroom and ............... a shower. Then he ............... and ............... his teeth. He ............... dressed, then ............... downstairs and ............... breakfast. He usually ............... tea and toast. He ............... the house at about 8.00 and ............... the bus to work. The journey ............... about 30 minutes or so. He ............... work at about 1.00 and ............... a sandwich and a drink from a café near his office. He ............... till 5.30, then ............... his office and ............... home.

**2 Dans cette liste de verbes dont l'orthographe change à la 3e personne du singulier, il y a trois intrus. Entoure-les.**

| | | | | |
|---|---|---|---|---|
| carry | wash | catch | play | try |
| switch | push | do | laugh | kiss |
| brush | fish | buy | match | |

## Comment fonctionnent la question et la négation ?

L'opérateur do (does à la 3e personne) est indispensable.

- **Forme interrogative :** do – does **+ sujet + base verbale.**

Do they know the teacher? Est-ce qu'ils/elles connaissent le professeur ?

- **Forme négative : sujet +** do – does **+** not/n't **+ base verbale.**

We don't like cheese. Nous n'aimons pas le fromage.

✔ *N'oublie pas qu'avec does on retrouve la base verbale 'nue'.*

**3 Imagine les questions auxquelles tu pourrais répondre comme proposé ci-dessous.**

.................................................................................. Yes, I do.
.................................................................................. No, I don't.
.................................................................................. Of course, I do.
.................................................................................. No, they don't.
.................................................................................. Yes, she does.

## Quand faut-il employer le présent simple ?

On l'emploie :

- pour poser une question ou parler des goûts, des habitudes.

**Do you like horror films?** Aimes-tu les films d'horreur ?
**I like science fiction books.** J'aime les livres de science-fiction.

- pour poser une question ou parler des caractéristiques, des vérités générales.

**Where do Kangaroos live?** Où vivent les kangourous ?
**Rhinos eat grass.** Les rhinocéros mangent de l'herbe.

✔ *Attention, il n'y a qu'une seule façon de parler au présent en français et deux en anglais. Pour dire, par exemple : 'John travaille à londres.'*
*Si c'est comme ça tous les jours, tu diras :*
*John works in London.*
*Si c'est exceptionnel, aujourd'hui, tu diras :*
*John's working in London.*

**4** **Entoure les verbes du passage suivant. Pourquoi sont-ils au présent simple ?**

*The Jungle Book* by Rudyard Kipling tells us about the adventures of Mowgli. Mowgli lives in a jungle in India. He doesn't know his parents. He lives in a cave* with a family of wolves. The wolves love him and treat him well…

* cave : grotte

**Les verbes sont au présent simple parce que** ....................................................
....................................................................................................
....................................................................................................
....................................................................................................

**5** **Pour lesquelles de ces phrases emploieras-tu le présent simple en anglais ? Marque-les du signe : ☑.**

**a.** Clara adore la musique ! ☒
**b.** Il est tard. Où vas-tu ? ☐
**c.** Les pompiers éteignent les incendies. ☒
**d.** Les pompiers éteignent l'incendie. ☐
**e.** Je n'aime pas ce film. ☒
**f.** Que fait Laura dans cette voiture ? ☐
**g.** Est-ce que ta sœur t'aide à faire tes devoirs ? ☒
**h.** Nous commençons l'école à huit heures et demie. ☒

**6** **Traduis en anglais les phrases de l'exercice 5.**

....................................................................................................
....................................................................................................
....................................................................................................
....................................................................................................
....................................................................................................
....................................................................................................
....................................................................................................
....................................................................................................
....................................................................................................

# QUEL PRÉSENT ?

## Qu'est-ce qui peut m'aider à choisir entre les deux présents ?

Si tu réponds à une question, tu dois **utiliser dans ta réponse** la **même construction verbale que dans la question.**

- Question en be + -ing → Réponse en be + -ing.
- Question au présent simple → Réponse au présent simple.

Attention ! Si tu fais une réponse courte tu ne reprends que l'auxiliaire : soit be, soit do.

Are you listening? – Yes, I am. / Do you like music? – Yes, I do.
Écoutes-tu ? – Oui. / Aimes-tu la musique ? – Oui.

✔ *Attention à ne pas mélanger les deux auxiliaires : -ing 'marche' avec be (am, is are), le présent simple avec do.*

**1 Choisis la réponse adaptée à la question.**

**1.** Do you like cheese?
**2.** Where's Mother going?
**3.** What do the children usually do after school?
**4.** Are your parents watching the news?
**5.** What are the Martins doing? I can hear music.
**6.** Does Mary know Ireland?

**a.** She's going to the hairdresser's.
**b.** Yes, she does.
**c.** I think they are.
**d.** No, I don't.
**e.** They're having a party.
**f.** They do their homework.

**2 Voici des réponses. Quelles étaient les questions posées ?**

.................................................................................. ? I' m going to the shops.
.................................................................................. ? Jeff? He usually leaves at 5.
.................................................................................. ? She's reading.
.................................................................................. ? Stella? She always drinks tea.
.................................................................................. ? We're playing!

## Y a-t-il des indices pour choisir la forme be + -ing ?

Oui ! Rappelle-toi qu'il s'agit de **parler de ce que l'on perçoit**. L'attention peut être attirée sur ce qui se passe par des mots comme :
Look! (Regarde !) Listen! (Écoute !) Shh! (Chut !) Careful! (Attention !)
ou des expressions de temps comme :
now (maintenant), today (aujourd'hui), tonight (ce soir), at the moment (en ce moment).
Tu choisiras alors la forme en be + –ing.

**3 Mets le verbe proposé à la forme voulue dans les phrases suivantes.**

Look! It .................. (*rain*). / I .................. (*stay*) with my sister at the moment. / Listen! Someone .................. (*come*). / We're .................. (*go*) to a party tonight at my friend's house. / John .................. (*do*) his homework now, so he can't come to the phone. / Shh! The baby .................. (*sleep*). / It doesn't usually rain, but it .................. (*rain*) today. / Can you stop making that noise? I .................. (*watch*) TV.

## Y a-t-il des indices pour choisir le présent simple ?

Oui ! Rappelle-toi que **ce temps présente des faits bruts, des généralités.** Le côté général, habituel ou répété d'une action peut être souligné par des adverbes ou expressions comme :
**always** (toujours), **often** (souvent), **usually** (généralement), **never** (jamais), **sometimes** (quelquefois), **every day** (tous les jours), **every Monday** (tous les lundis), **every morning** (tous les matins), **every year** (tous les ans, chaque année).
Tu choisiras alors le **présent simple.**

✔ *Retiens bien*
*every + nom singulier = 'tous les' + nom pluriel en français.*

**4 Mets le verbe proposé à la forme voulue dans les phrases suivantes.**

- We ................. (*spend*) the summer at our house in Spain every year.
- Every morning, he ................. (*leave*) the house at 7.30.
- I always ................. (*take*) sandwiches to work.
- When it's hot, I sometimes ................. (*go*) swimming.
- We usually ................. (*meet*) at the club every Tuesday night.
- My English teacher often ................. (*correct*) my pronunciation.
- It never ................. (*rain*) here in summer.
- My father ................. (*drive*) me to school.

**5 Présent simple ou forme be + -ing au présent ? À toi de mettre le verbe proposé à la bonne forme.**

- We usually ................. (*go*) to the swimming pool on Mondays.
- It's Laura's birthday today. She ................. (*wait*) for her friends.
- My friends ................. (*visit*) their Grandma every weekend.
- The kids are late. Look! They ................. (*run*) to the bus stop.
- We ................. (*watch*) television at six, every day.
- Listen! The musicians ................. (*play*).
- My father ................. (*drive*) me to school today.

## Est-ce que tous les verbes peuvent prendre les deux formes ?

- Certains verbes, qui indiquent ce que l'on aime ou déteste (**like, love, hate**), ce que l'on veut (**want, wish**), ce que l'on sait ou connaît (**know**) ne se mettent pas à la forme **be + -ing**.
- Les verbes d'opinion comme : **think** (penser), **believe** (croire) sont aussi, le plus souvent, au présent simple.

**6 Réfléchis bien au sens et traduis en anglais.**

- Chut ! Clara dort. ..................................................
- Elle veut un nouveau sac. ..................................................
- Je déteste ce film. ..................................................
- Tom ne connaît pas l'Écosse. ..................................................
- Regarde. Tom prend ton vélo ! ..................................................
- Eh ! Où vas-tu ? ..................................................

# LES PRONOMS PERSONNELS

## Y a-t-il deux formes de pronom complément, comme 'moi' et 'me' en français ?

Non, en anglais **chaque pronom sujet a un seul pronom complément** qui lui correspond.

I → me
he → him pour un homme ou un garçon
she → her pour une femme ou une fille
it → it
we → us
you → you
they → them
Look at me! Regarde-**moi** ! / Don't look at me! Ne **me** regarde pas !

✔ *Comme pour le pronom sujet, c'est la différence humain/non-humain qui joue à la 3e personne du singulier.*

**1** **Remplace les groupes compléments entre parenthèses par le pronom qui convient.**

- Is Stella your sister? I really like (*Stella*) .................. .
- Where are my glasses? Have you seen (*my glasses*) .................. ?
- Steve and I are late for school. Can you take (*Steve and I*) .................. in your car?
- I don't like this CD. You can have (*this CD*) .................. if you want.
- Gerard Depardieu's a great actor. I like (*Gérard Depardieu*) .................. very much.

**2** **Remets les pronoms proposés à leur place dans le texte.**

*her, it, it, him, them, us, her, us, me.*

Richard came to my house yesterday and asked .................. to go and see a film with .................. . On the way, we saw some friends and invited .................. to come with us. They all liked the film, but I didn't enjoy .................. very much. Because the film finished so late, I rang my Mum and asked .................. to collect .................., but she was busy and told .................. to get a taxi. I told ............... I didn't have enough money. 'Don't worry', she said. 'Your Dad will pay for ............... .'

## Où se place le pronom complément ?

Une seule place est possible en anglais : toujours **après la forme verbale**.

✔ *Attention à ne pas se laisser influencer par l'ordre des mots en français.*

**3** **Traduis en anglais.**

- Regarde-moi. ..........................................................................................
- Mon frère te parle, réponds-lui. ..............................................................
- Ce cadeau est pour toi, ouvre-le. .............................................................
- Cette lampe est ancienne (*old*), ne la casse pas ! ....................................
- Ne me parle pas comme ça. .....................................................................
- Ouvre la fenêtre, ne la ferme pas ! ..........................................................

# LES VERBES À POSTPOSITION OU PARTICULE

## Pourquoi un même verbe peut-il avoir des sens différents ?

Parce que beaucoup de verbes anglais peuvent être associés à un mot, généralement très court, qu'on appelle **postposition** (car il est **après** le verbe) ou **particule**. Chacun de ces mots est porteur d'une idée qui modifie le sens du verbe. En français, la nouvelle idée portée par le verbe + particule correspond à un autre verbe.

go → aller
go up → monter
go down → descendre
go in → entrer
go back → retourner/repartir
go on → continuer
go away → s'éloigner
go out → sortir

Le verbe **go** n'a pas changé, c'est la **particule** qui a **modifié le sens.**

✔ *Tu vois que les différences peuvent être importantes. Repère bien la présence des postpositions après le verbe pour éviter les malentendus.*

**1** **Apprends à repérer les postpositions. Il y en a 10 cachées dans cette grille.**

| | | | | | | | | | |
|---|---|---|---|---|---|---|---|---|---|
| a | c | r | o | s | s | z | c | i | t |
| f | e | t | u | p | z | i | r | d | k |
| t | s | j | t | o | q | g | u | y | e |
| e | q | f | q | g | k | b | a | c | k |
| r | j | s | m | a | d | o | w | y | a |
| x | o | f | f | n | o | c | a | o | s |
| q | h | u | l | e | w | k | y | l | l |
| t | o | z | z | r | n | e | f | o | m |
| u | t | i | a | t | v | z | s | n | o |
| g | d | n | d | w | w | a | o | z | p |

.................................................................................

.................................................................................

.................................................................................

**2** **Associe les postpositions avec l'idée qu'elles expriment en complétant le tableau suivant.**

| postpositions/ particules | idées exprimées |
|---|---|
| ............... | retour |
| ............... | intérieur |
| up | ............... |
| ............... | vers le bas |
| out | ............... |
| ............... | éloignement |

**3** **Mets en relation les verbes et leur traduction.**

**1.** take away
**2.** stand up
**3.** come in
**4.** look down
**5.** give back

**a.** entrer
**b.** baisser les yeux
**c.** emporter
**d.** rendre
**e.** se lever

# LE PASSÉ

## Quel est le temps le plus employé pour parler du passé ?

C'est le Simple Past ou **prétérit**. Il a la même forme à toutes les personnes.

- Pour les **verbes réguliers : base verbale + ed** :

answer<u>ed</u>, call<u>ed</u>, clean<u>ed</u>, enjoy<u>ed</u>, stay<u>ed</u>, wait<u>ed</u>.

Si le verbe se termine par 'e' on ajoute seulement 'd' :

believe<u>d</u>, close<u>d</u>, agree<u>d</u>.

Si le verbe finit par une consonne + 'y' la terminaison du passé est 'ied' :

carr<u>ied</u>, tid<u>ied</u>.

- Pour les **verbes irréguliers, la forme est particulière** :

break/broke, bring/brought, blow/blew, catch/caught, fall/fell.

- Selon le contexte, le prétérit correspond à l'imparfait, au passé simple ou au passé composé français.

They finished at five. Ils finissaient / Ils finirent / Ils ont fini à cinq heures.

✔ *Vérifie toujours si le verbe que tu emploies est régulier ou non. Il y a souvent une liste de verbes irréguliers en fin de manuel.*

**1 Entoure les verbes irréguliers intrus dans cette boîte de verbes.**

hurry buy guess write try work choose worry use stop win
wash sit pull want walk start stand teach come travel see feel

**2 Tu as entouré dix verbes. Recopie-les et donne leur forme au simple past.**

| base verbale | past | base verbale | past |
|---|---|---|---|
| .................... | .................... | .................... | .................... |
| .................... | .................... | .................... | .................... |
| .................... | .................... | .................... | .................... |
| .................... | .................... | .................... | .................... |
| .................... | .................... | .................... | .................... |

## Pourquoi n'y a-t-il pas 'ed' ou la forme irrégulière dans une question ou une phrase négative au passé ?

Parce que c'est l'opérateur did qui porte, seul, la marque du passé.

| | |
|---|---|
| **Forme interrogative** | Did + sujet + base verbale |
| **Forme négative** | Sujet + did not / didn't + base verbale |

**3 Pose la question qui te permettra d'avoir l'information masquée.**

- Last Sunday we went to |||||||||.

..........................................................................

- We left at ||||||||| in the morning.

..........................................................................

- We visited the |||||||||.

..........................................................................

**4 Toutes ces affirmations sont inexactes, indique-le par une tournure négative.**

- Rudyard Kipling wrote *Peter Pan*.

..........................................................................

- Captain James Cook discovered Canada.

..........................................................................

- Isaac Newton lived in the 14th century.

..........................................................................

# LE PASSÉ EN 'BE' + VERBE EN '-ING'

## Est-ce qu'il y a deux passés comme il y a deux présents ?

**Oui**, on peut dire qu'il y a deux passés. Tu viens de revoir la forme simple du passé ou prétérit, mais la forme **be** + verbe en **-ing** existe aussi au passé. Bien sûr, le verbe en **-ing** est invariable, c'est l'auxiliaire **be** qui se conjugue au passé.

- **Forme affirmative :** sujet + **was/were** + verbe en **-ing**.
- **Forme interrogative :** **was/were** + sujet + verbe en **-ing**.
- **Forme négative :** sujet + **was/were** + **not** + verbe en **-ing**.

✔ *À la forme négative, il existe une forme contractée : wasn't / weren't.*

**1 Was ou were ? Complète ces phrases.**

What .............. your sister doing in my room? / I .............. watching television when the lights went out. / What .............. we talking about in yesterday's lesson? / I opened the door, and two friends .............. standing there. / She .............. not listening to a word you said. / When we left the house, the sun .............. shining. / .............. you doing your homework when I rang last night? / I left the party early because I .............. not feeling well.

**2 Petite enquête ! En utilisant un nom de la première colonne et une activité de la deuxième colonne réponds à la question : What were they doing yesterday at eight?**

- Mr and Mrs Brown
- Paula
- Peter
- Becky and her brother Ben

- watch television
- have dinner
- talk to a friend on the phone
- read

.....................................................................................................................................................

.....................................................................................................................................................

## Quand emploie-t-on la forme be + verbe en –ing au passé ?

On utilise cette forme pour évoquer une **situation particulière du passé.**

**Last night a storm was blowing. Diana was at home, alone. She was waiting for her parents. She was sitting in an armchair, reading a detective story…**

Hier soir le vent soufflait en tempête. Diana était seule chez elle. Elle attendait ses parents. Elle était assise dans un fauteuil et lisait un roman policier…

✔ *La forme be + verbe en –ing au passé correspond toujours à un imparfait français.*

**3 Ce croquis a été fait l'été dernier sur la plage. Que se passait-il ? Décris la scène.**

..................................................................................................

..................................................................................................

..................................................................................................

..................................................................................................

..................................................................................................

..................................................................................................

..................................................................................................

# LES DEUX PASSÉS

attendre, for
wake up.

to, at, for,
of,

## Peut-on trouver les deux passés dans une même phrase ?

**Oui**, c'est tout à fait possible.
Si dans une situation du passé, évoquée avec la forme **be** + verbe en **-ing**, une action soudaine a eu lieu, on en parle avec un **simple past**.
**Some children were roller-skating when suddenly a dog ran across the path, and a boy fell heavily.**
Des enfants faisaient du patin quand un chien traversa l'allée en courant et un garçon tomba lourdement.
Note que les deux propositions de ce genre de phrase sont souvent reliées par **when** (quand).

*dans ce type de récit.*

**1 Entoure les formes verbales adaptées.**

- We *had/were having* dinner when the lights *went/were going* out.
- She *walked/was walking* across the road when a car *hit/was hitting* her.
- The boy *fell/was falling* asleep when the teacher suddenly *shouted/was shouting* at him.
- The post *arrived/was arriving* while they *had/were having* breakfast.
- He *thought/was thinking* of his girlfriend when suddenly she *arrived/was arriving*.
- When I *came/was coming* into the room they *sang/were singing* 'Happy Birthday'.
- She *knocked/was knocking* on the door, but Tom *watched/was watching* TV.

**2 Remets un peu d'ordre dans les phrases suivantes.**

- was / I / a / called / having / you / . / shower / when ..........................................................
..........................................................................
- doing / you / What / last / ? / were / night
..........................................................................
- enjoy / you / film / the / ? / yesterday / Did
..........................................................................
- Spain / went / year / to / We / last / .
..........................................................................
- while / an / I / friend / old / was / I / work / to /. / met / going ..........................................
..........................................................................
- many / William / plays / . / Shakespeare / wrote.
..........................................................................

**3 Traduis en anglais.**

- Je rêvais quand le réveil a sonné.
..........................................................................
- Que faisais-tu quand il a frappé à la porte ?
..........................................................................
- Jimmy marchait sur la plage quand soudain il vit un dauphin.
..........................................................................
- La vieille dame dormait quand soudain son chat sauta sur ses genoux.
..........................................................................
- Betty écoutait la radio quand le téléphone sonna.
..........................................................................

# LES REPÈRES TEMPORELS DU PASSÉ

## Quels sont les mots qui montrent qu'un événement est passé ?

Les repères les plus courants sont :
- **yesterday** (hier) + **morning**, **afternoon** ou **night** éventuellement.
- les expressions avec **last** :

**last week** (la semaine dernière), **last month** (le mois dernier), **last year** (l'année dernière), **last Sunday** (dimanche dernier), **last Monday** (lundi dernier), etc.

**Mary came last Friday.** Marie est venue vendredi dernier.

**Did you visit the castle yesterday afternoon?** As-tu visité le château hier après-midi ?
- Parfois le repère temporel est sous-entendu, si le contexte est suffisamment clair.

**Queen Cleopatra lived in Egypt.** La reine Cléopâtre vivait en Égypte. (tu sais que c'est du passé, tu n'as pas besoin de repère)

**1** **Dans l'article suivant entoure les repères temporels du passé.**

I moved to London in January 2001 because of my job and I bought this house last year. Most of my family live in Scotland, but they visit me here quite often and stay at my house. Last month, my parents came to stay, and last week, my sister and her husband were here. They left last Sunday. Yesterday evening, my younger brother rang to tell me he's arriving tomorrow morning. It'll be great to see him.

## Que veut dire ago ?

Observe ces exemples :
- **Dinosaurs lived thousands of years ago.** Les dinosaures vivaient il y a des milliers d'années.
- **We went to India two months ago.** Nous sommes allés en Inde il y a deux mois.
- **I bought that computer two weeks ago.** J'ai acheté cet ordinateur il y a deux semaines.

L'expression avec **ago** indique le temps écoulé depuis l'événement.

✓ *Ago se place toujours après l'expression de temps.*

**2** **Reformule ces phrases en calculant le temps écoulé.**

- John Logie Baird invented television in 1925.

.......................................................................................................................................

- Captain James Cook discovered New Zealand in 1769.

.......................................................................................................................................

- Alexander Flemming discovered penicillin in 1928.

.......................................................................................................................................

- Alexander Graham Bell invented the telephone in 1876.

.......................................................................................................................................

- Isaac Newton discovered gravity in 1667.

.......................................................................................................................................

# LES COMPARATIFS

## Quand employer as … as ?

• On emploie **as … as** quand le résultat d'une comparaison est l'**égalité**.
**The flames were as high as the house.** Les flammes étaient aussi hautes que (= hautes comme) la maison.
• Le comparatif d'égalité est souvent employé à la **forme négative**.
**The film is not as good as the book.** Le film n'est pas aussi bien que le livre.

✔ *Attention à ne pas oublier le deuxième as. Il faut les deux : as … as.*

**1** **Le comparatif d'égalité est souvent employé dans les dictons : as good as gold = sage comme une image (*lit.* bon comme l'or). À l'aide du dessin, choisis le mot qui complétera le dicton.**

as light as ..................

as white as ................

as blind as .............................

as easy as ...................

as quiet as .................

## Comment se forme le comparatif d'infériorité ('moins … que') ?

• On place **less** et **than** de chaque côté de l'adjectif.
**Mrs Brown is less talkative than Mrs Green.** Mme Brown est **moins** bavarde **que** Mme Green.
• Ce comparatif s'emploie peu. On préfère souvent utiliser le comparatif d'égalité à la forme négative. Plutôt que de dire **The bookshop is less big than the flower-shop** (La librairie est moins grande que le magasin de fleurs), on dira : **The bookshop is not as big as the flower-shop** (La librairie **n'est pas aussi grande que** le magasin de fleurs).

**2** **Voici des comparaisons qu'on exprimerait plus volontiers autrement. Transforme-les comme dans l'exemple.**

*Lions are less aggressive than tigers. → Lions are not as aggressive as tigers.*

• This exercise is less difficult than the next one. ..........................................................
• His last job was less interesting than his new one. ..........................................................
• This month's phone bill is less high than last month's. ..........................................................
• It's less cold in Greece than it is in England. ..........................................................
• The book is less exciting than the film version. ..........................................................
• Some people think boys are less intelligent than girls. ..........................................................
• I'm less tired today than I was yesterday. ..........................................................
• It's less funny than yesterday. ..........................................................

## Comment se forme le comparatif de supériorité ('plus ... que') ?

**Deux constructions** sont possibles. Il faut distinguer les **adjectifs longs** et les **adjectifs courts**.

• **Adjectif + er**

– pour les adjectifs d'une syllabe : old → older, tall → taller.

Si l'adjectif se termine par une voyelle et une consonne, on double la consonne finale : big → bigger.

– pour les adjectifs de deux syllabes terminés par -er, -ow, -y :

clever → cleverer, busy → busier (note que le y devient i).

• **More + adjectif**

Pour les autres adjectifs, de deux syllabes ou plus, dits adjectifs longs :

famous → more famous, expensive → more expensive.

célèbre → plus célèbre cher → plus cher

Dans les deux cas, le second élément de la comparaison est introduit par than (= que).

✔ *Si l'adjectif se termine par 'e' on se contente de rajouter 'r' : nice → nicer.*
*On utilise than uniquement pour des comparatifs. Pour un autre équivalent de 'que',* *voir page 24.*

**3 Indique si ces phrases, comportant des comparatifs, sont true or false.**

a. Mont Blanc is higher than Mount Everest.

.......................................................................

b. The Indian Ocean is smaller than the Pacific Ocean. .......................................................

c. The Nile is longer than the Amazon.

.......................................................................

d. Japan is bigger than France.

.......................................................................

e. A bicycle is faster than a car.

.......................................................................

f. Venus is closer to the sun than Mars.

.......................................................................

**4 Mets au comparatif de supériorité l'adjectif entre parenthèses.**

• Writing by hand is (*slow*) ............... than using a computer.

• Crossing the road is (*dangerous*) ............... than travelling by plane.

• My mother is (*tall*) ............... than my father.

• Going to the theatre is (*expensive*) ............... than going to the cinema.

• Rugby is (*exciting*) ............... than football.

• This exercise is (*easy*) ............... than the last one.

• John is (*small*) ............... than Jack.

• I arrived (*early*) ............... than the others.

## Y a-t-il des comparatifs de supériorité irréguliers ?

Oui, il y en a principalement deux qu'il faut bien retenir :

good → better, bad → worse.

bon → meilleur/mieux mauvais → pire

✔ *Les adjectifs au comparatif restent invariables. Attention à ne pas te laisser influencer par le français.*

**5 Traduis en anglais.**

• Il fait (utilise 'be') meilleur qu'hier ! ...............................................................

• Helen est-elle meilleure que Barbara ? ...............................................................

• – Est-ce que c'est mieux ? – Non, c'est pire ! ...............................................................

• La soirée fut pire que la matinée. ...............................................................

# L'ORDRE DES MOTS DANS LE GROUPE NOMINAL

## Pourquoi l'ordre des mots est-il si important ?

• L'ordre des mots est très important parce qu'en anglais, on peut mettre plusieurs noms côte à côte sans article ni préposition, et c'est **l'ordre** dans lequel on les met, et lui seul, qui **détermine le sens du groupe**.

**A plant pot** : un pot pour mettre des plantes (on parle de pots).
**A pot plant** : une plante en pot (on parle de plantes).
**Milk chocolate** : du chocolat au lait (on parle de chocolat).
**Chocolate milk** : du lait parfumé au chocolat (on parle de lait).

• Lorsque plusieurs mots se suivent dans un groupe nominal, c'est **le dernier** qui est le plus important et **sur lequel on donne des renseignements**.

✔ *Le même système s'applique aux noms composés : a teapot = 'une théière', a teabag = 'un sachet de thé'.*

**1** **En prenant un mot dans chaque case, fabrique les groupes correspondant aux expressions françaises.**

fruit club chicken orange chocolate race shoe horse football

cake soup members juice race shop horse club

**a.** soupe au poulet ..........
**b.** jus d'orange ..........
**c.** boutique de chaussures ..........
**d.** cheval de course ..........
**e.** course de chevaux ..........
**f.** gâteau au chocolat ..........
**g.** gâteau aux fruits ..........
**h.** club de football ..........
**i.** membres d'un club ..........

## Est-ce que les adjectifs se mettent toujours à la même place ?

Dans un groupe nominal, les adjectifs épithètes se mettent toujours **avant le nom** (ou le groupe de noms) qu'ils accompagnent.

**A nice little pink teddy bear** : un joli petit ours en peluche rose.
**A smashing new Japanese camera** : un nouvel appareil photo japonais génial.

✔ *Rappel important : les adjectifs sont invariables.*

**2** **Insère les adjectifs proposés entre parenthèses à leur place dans le groupe nominal.**

• a silver box (*little*) ..........
• a cotton dress (*blue*) ..........
• a plastic umbrella (*red*) ..........
• a pair of leather shoes (*old*) ..........
• blonde hair (*long*) ..........
• a young doctor (*English*) ..........
• a wooden table (*large*) ..........
• a fat man (*short*) ..........

# LES SUPERLATIFS

## Comment dire 'le plus...', 'la plus...' ?

Comme pour le comparatif de supériorité, il faut distinguer les **adjectifs longs** et les **adjectifs courts**.

• The + **adjectif** + -est

– pour les adjectifs d'une syllabe :

old → the oldest, tall → the tallest.
le /la/les plus âgé(es) le/la/les plus grand(es)

Si l'adjectif se termine par une voyelle et une consonne, on double la consonne finale : big → the biggest, sad → the saddest.

– pour les adjectifs de deux syllabes terminés par -er, -ow, -y :

clever → the cleverest, happy → the happiest (note que le y devient i).

• The most + **adjectif**

Pour les autres adjectifs, de deux syllabes ou plus, dits adjectifs longs :

famous → the most famous, comfortable → the most comfortable.
le/la/les plus célèbre(s) le/la/les plus confortable(s)

✔ *Si l'adjectif se termine par 'e' on se contente de rajouter 'st' : nice → the nicest.*

**1 Remets de l'ordre dans ces phrases qui comportent toutes un adjectif au superlatif.**

- the / What / river / longest / in / ? / world / the / is ..............................
- is / Who / cleverest / pupil / the / in / ? / class / the ..............................
- is / the / This / the / exercise / in / book / whole / . / easiest ..............................
- Thames / The / River / the / is / Britain / in / . / longest / river ..............................
..............................
- party / will / This / surprise / biggest / the / his / be / . / of / life ..............................
..............................

**2 Mets au superlatif l'adjectif entre parenthèses.**

- What's ............... (*exciting*) film you've ever seen?
- The Nile is ............... (*long*) river in the world.
- India and China have ............... (*high*) populations in the world.
- This is ............... (*difficult*) exercise in the book.
- Baseball's ............... (*popular*) sport in America.
- The ............... (*hot*) country I've been to is Greece.
- My sister is ............... (*kind*) person I know.
- David's ............... (*clever*) pupil in the class.

## Y a-t-il des superlatifs irréguliers ?

Oui, les adjectifs good et bad sont irréguliers au superlatif.
good → the best, bad → the worst.

**3 Traduis en anglais.**

- C'est la pire journée de ma vie. ..............................
- Je suis le meilleur/la meilleure. ..............................
- Qui est le meilleur ? ..............................

# LE SOUHAIT

## Comment parler de ce qu'on voudrait ?

On emploie l'expression : **I'd like.** Dans cette expression, **'d** remplace **would.**

Il faut bien faire entendre le **'d**. C'est lui qui fait la différence entre :
**I like** (j'aime) et **I'd like** (j'aimerais).
**I'd like a cup of tea.** Je voudrais une tasse de thé.
**She'd like a new camera.** Elle voudrait un nouvel appareil photo.

✔ *Le sens de I'd like est proche de celui de I want 'je veux', mais la formule est moins 'autoritaire', donc plus polie.*

**1** **Choisis parmi les objets proposés, trois objets que tu aimerais avoir pour ton anniversaire et exprime-le en une phrase.**

For my birthday, ..................................................
..................................................................

**2** **Entoure les expressions exprimant le souhait.**

If I had a lot of money, I could buy my family all the things they'd like. My brother likes music and I know he'd like a guitar so that he could join a band. He also likes girls and he'd probably like a girlfriend, but I can't help him with that. My sister really likes animals, and she'd like a cat, but I'd like a dog, so that could be a problem. The other day, Mum and Dad told me something they'd like – a holiday on their own!

## Comment parler de ce qu'on aimerait faire, être, avoir ?

- On retrouve l'expression **I'd like** :
**I'd like** + **to** + **base verbale.**
**I'd like to go to Australia.** J'aimerais aller en Australie.
- À la **forme négative** on emploie :
**would not** / **wouldn't like** + **to** + **base verbale.**
**I wouldn't like to live in Iceland.** Je n'aimerais pas vivre en Islande.

✔ *Le sens de I'd like to + verbe est proche de celui de I want to + verbe, mais il marque plus le souhait que la volonté.*

**3** **Parmi les métiers proposés choisis-en deux que tu voudrais exercer et deux qui ne te plairaient pas, comme dans l'exemple.**

*I'd like to be a vet but I wouldn't like to be an actor/actress.*

| | | | | | |
|---|---|---|---|---|---|
| doctor | policeman/woman | musician | baker | actor/actress | vet |
| taxi-driver | tennis-player | astronaut | writer | clown | mechanic |

..................................................................
..................................................................
..................................................................

## Comment demander à quelqu'un ce qu'il ou elle voudrait (faire) ?

• Pour une **yes/no question** qui est souvent une sorte d'invite on dit :
**Would you like…?**
**Would you like to** + base verbale…?
**Would you like a piece of cake?** Veux-tu un morceau de gâteau ?
À ce type de question on répond souvent : **Yes, please** ou **No, thank you.**
**Would you like to come with us?** Veux-tu venir avec nous ?
Pour répondre positivement à ce type de question on dit souvent : **I'd love to.**

• Pour une question ouverte on emploie :
Mot en **Wh** + **would you like…?**
Mot en **Wh** + **would you like to** + base verbale…?
**What would you like?** Qu'est-ce que tu voudrais ?

✔ *Dans **would**, on n'entend pas le 'l'. Il est muet comme dans **could** et **should**.* *Voir p. 32 et p. 33.*

**1 Mets en relation les questions et les réponses.**

1. Would you like a drink?
2. Who would you like to speak to?
3. Would you like some more?
4. What would you like to do?
5. Would you like to watch TV?
6. When would you like to leave?
7. Where would you like to go on holiday?
8. Would you like to go out tonight?

a. I'd love to go to Italy.
b. What's on tonight?
c. I can't. I've got too much homework.
d. No, thanks. I'm full.
e. Mr Roberts, the Manager.
f. No, thanks. I'm not thirsty.
g. Maybe we could see a film.
h. At about 8 o'clock.

**2 Tu enquêtes sur ce que tes camarades aimeraient faire plus tard. Prépare six questions en utilisant les mots interrogatifs proposés et deux yes/no questions.**

*what, where, who, why, how.*

……………………………………………………………
……………………………………………………………
……………………………………………………………
……………………………………………………………
……………………………………………………………
……………………………………………………………
……………………………………………………………

**3 Traduis en anglais.**

• J'aimerais voyager en ballon.
……………………………………………………………
• Je ne voudrais pas perdre.
……………………………………………………………
• Voudriez-vous vous asseoir ?
……………………………………………………………
• Aimeriez-vous voir le film ?
……………………………………………………………
• Où voudrais-tu aller ?
……………………………………………………………

# LES SUBORDONNÉES COMPLÉTIVES

## Comment dire ce qu'on pense ?

On donne généralement son opinion avec :
**I think + une proposition subordonnée.**
Observe les exemples :
**I think <u>you are right</u>.** Je pense/crois que tu as raison.
**I don't think <u>it's a good film</u>.** Je ne pense/crois pas que ce soit un bon film.
Dans ces exemples, la subordonnée est soulignée.
Deux constatations importantes s'imposent :

- Il n'y a pas d'équivalent anglais du 'que' français. On se contente de juxtaposer les propositions.
- Il n'y a pas de subjonctif en anglais après une opinion négative. On utilise tout simplement l'indicatif.

✔ *Pour lier I think avec la subordonnée, on peut utiliser that qui correspond alors à 'que'. Mais c'est très rare.*

**1** **Tu peux 'lire les pensées' de ces personnages. Fais-leur exprimer leur opinion comme dans l'exemple.**

*I think that soup tastes awful.*

a.

..............................

b.

..............................

c.

..............................

d.

..............................

e.

..............................

f.

..............................

## Comment demander son avis à quelqu'un ?

- On peut poser la question générale :

**What do you think?** Qu'en penses-tu ?
Qu'en pensez-vous ? Quelle est ton/votre avis ?

- On peut être plus précis avec une **yes/no question** :

**Do you think it's a good idea?** Crois-tu/Croyez-vous que c'est une bonne idée ?

✔ *Il n'y a toujours pas d'équivalent de 'que'. On trouve une simple juxtaposition.*

**2** **James aimerait avoir l'opinion de Mary à propos du personnage. Quelles questions peut-il lui poser ?**

James : Do you think it's a monster?
..........................................................................................
..........................................................................................
..........................................................................................

## D'accord ? Pas d'accord ? Que dire ?

- On peut exprimer qu'on est du même avis avec :

**I think so.** Oui, je crois.

- Si l'on est d'un avis différent on peut dire :

**I don't think so.** Je ne crois/pense pas.

| | |
|---|---|
| **– Do you think John's going to win?** | **– (Yes,) I think so.** |
| – Tu crois que John va gagner ? | – Oui, je crois. |
| **– What about you Andy?** | **– No, I don't think so.** |
| – Et toi Andy ? | – Non, je ne crois pas. |

✔ *Note la présence de so qui n'a pas d'équivalent en français.*

**3 Les mots ont été mélangés dans ces questions. Remets un peu d'ordre.**

- English / Do / your / pass / you'll / you / think / exam / ?

...........................................................................................................

- think / one / you / will / children / day / you / have / Do / ?

...........................................................................................................

- a / like / would / be / to / you / teacher / you / Do / think / ?

...........................................................................................................

- book / Do / think / this / help / will / you / you / ?

...........................................................................................................

## Peut-on utiliser d'autres verbes d'opinion ?

Bien sûr ! Avoir un avis c'est **penser**, **croire**, mais c'est aussi **supposer**, **imaginer**... On peut également **espérer**.

Les verbes : **believe**, **suppose**, **imagine**, **hope** se construisent comme **think**.

| | |
|---|---|
| **– Whose book is this?** | **– I suppose it's Laura's book.** |
| – À qui est ce livre ? | – Je suppose que c'est le livre de Laura. |

**I hope you can come to my party!**
J'espère que tu pourras venir à ma fête !

✔ *Tu peux employer I hope so pour dire 'J'espère que oui.'*

**4 Lis les phrases et donne ton avis en utilisant les mots entre parenthèses.**

**a.** Do you think John will like his birthday present? (*yes/hope*) ...........................................

**b.** Your parents must be pleased you passed your exam. (*yes/suppose*) ...................................

**c.** I suppose it'll rain again tomorrow. (*no/think*)

...........................................................................

**d.** Is your sister coming to the party? (*yes/think*)

...........................................................................

**e.** I know you're busy, but can you call me later? (*yes/suppose*) ...........................................

**5 Traduis en anglais.**

- Est-ce que tu crois qu'il est américain ?

...........................................................................

- Nous espérons que vous êtes contents.

...........................................................................

- Je suppose que c'est le docteur Brown.

...........................................................................

- Je ne crois pas que ce soit vrai.

...........................................................................

- Elle imagine que c'est une plaisanterie.

...........................................................................

# LE MODAL 'WILL'

## Qu'est-ce que will ?

Will est un **modal** comme can et must que tu connais déjà.
C'est un **auxiliaire invariable** – il a la même forme à toutes les personnes.
Il est toujours suivi d'une **base verbale.**

| Forme affirmative | Forme interrogative | Forme négative |
|---|---|---|
| Sujet + will / 'll<br>+ base verbale<br>He will come.<br>He'll come. | Will + sujet<br>+ base verbale<br>Will he come? | Sujet + will not / won't<br>+ base verbale<br>He will not come.<br>He won't come. |

✔ *À l'oral, will est presque toujours contracté en 'll. Attention, on l'entend à peine mais il est là. Will not est contracté en won't.*

**1 Remets de l'ordre dans ces phrases comportant will.**

- the / be / at / tomorrow / Will / meeting / ? / she ..............................
- that / won't / John / happy / very / about / . / be ..............................
- next / I / see / you / will / week. ..............................
- children / The / room / love / will / new / their / ..............................
- really / will / book / this / like / . / You ..............................
- buy / Will / way / bread / some / you / on / your / ? / home ..............................

..............................
- will / never / He / time / . / in / arrive ..............................
- won't / I'm / to / . / party / afraid / she / come / the ..............................

## Comment répondre à une yes/no question comportant will ?

En anglais, il est très rare de répondre abruptement yes ou no. On reprend généralement l'auxiliaire de la question, c'est ce que l'on appelle **la réponse courte.**
Will she stay? – Yes, she will. / Of course, she will.
Will you stay? – No, I won't.

✔ *Attention, il n'y a pas de forme contractée 'll dans une réponse courte. En revanche, la forme contractée won't est habituelle.*

**2 Complète les réponses courtes.**

**a.** Will you come with me? Of course..............................
**b.** Will the kids like this video? Yes..............................
**c.** Will we arrive on time? No..............................
**d.** Will your Mum be very angry? Yes..............................
**e.** Will France win the match? No..............................
**f.** Will you marry me? Yes..............................
**g.** Will he pass his driving test? No..............................
**h.** Will you help me carry this? Yes..............................

## Quel est le sens de will ?

• On utilise **will** + base verbale, pour **prédire** ou **annoncer** ce qui va se produire.
Une phrase avec **will** correspond, le plus souvent, à une **phrase au futur** en français.
Si l'on veut parler du temps qu'il fera à Noël, par exemple :

| | |
|---|---|
| **Will it snow?** | Est-ce qu'il neigera ? |
| **It'll snow.** | Il neigera. |
| **It won't snow.** | Il ne neigera pas. |

• **Will** et **won't** servent aussi à faire une **promesse**.
**I'll call you tomorrow. I won't forget, I promise.**
Je t'appellerai demain. Je n'oublierai pas, promis.

✓ *Will projette dans l'avenir, mais il ne correspond pas toujours à un futur français. What will you do in July? = 'Qu'est-ce que tu vas faire en juillet ?'*

**1** **Observe cet horoscope du signe de la Balance (Libra) et rédige celui du signe du Lion (Leo) en utilisant les éléments proposés.**

**Libra :** A special friend will need all your patience and understanding this week. Money will be a problem until Saturday when a surprise win will suddenly change the situation. A difficult week at work will tell you that now is the time to think about a change.
**Leo :** colleague – want – all your time – this week. / health – problem – until – Friday – good news – doctor – suddenly change situation. / great week – work – tell you – this job – perfect for you.

..................................................

..................................................

..................................................

## Quelles sont les autres façons de parler du futur ?

Tu as sans doute vu en sixième deux manières d'évoquer le futur :
• Présent en **be** + **verbe -ing** + **indicateur de temps** :
**Sally's coming next week.** Sally vient la semaine prochaine. (C'est programmé.)
• **Be going to** + **base verbale** :
**I'm going to buy roller blades.** Je vais acheter des rollers. (C'est ma décision.)

**2** **Marque d'un signe ✓ les phrases exprimant une prédiction ou une promesse.**

• He'll be a great doctor one day. ☐
• I'm going to the cinema with some friends on Saturday. ☐
• I'll do the washing-up for you when I get home. ☐
• I think it'll be a long hot summer this year. ☐
• Do you think you'll pass your exam this time? ☐
• She's going to cut herself if she plays with that knife. ☐
• Of course I'll help you. ☐
• You'll love his new CD. ☐

# L'HYPOTHÈSE

## Comment faire une supposition ?

• On peut faire une supposition qui a des chances raisonnables de se réaliser avec **if** + verbe au **présent simple** :
**If you come on Sunday,...** Si tu viens dimanche,...
...et annoncer ce qui se passera alors – la conséquence éventuelle, avec **will** + **base verbale** :
**...we'll visit the castle.** ...nous visiterons le château.
• La proposition qui commence par **if** est une **subordonnée**. La proposition comportant **will** est **la principale**.
**If she's late, I'll wait for her.** Si elle est en retard, je l'attendrai.
**If my parents say no, I won't go out.** Si mes parents disent non, je ne sortirai pas.

✔ *Tu peux intervertir la principale et la subordonnée, cela ne change rien au sens de la phrase et les temps restent les mêmes : I'll wait for her, if she's late. 'Je l'attendrai si elle est en retard.'*

**1 Reconstitue les phrases.**

| | |
|---|---|
| If we're late • | • we won't miss the train. |
| You'll be sick • | • if I get there before ten. |
| If we run • | • we'll miss our bus. |
| If you wait here • | • if you eat too much ice cream. |
| I'll call you • | • you'll see the queen. |

**2 Construis cinq phrases complètes (n'oublie pas les sujets) en mariant une supposition et une conséquence – attention aux temps !**

| Suppositions | Conséquences | |
|---|---|---|
| win the first prize | be rich | →........................................ |
| not be careful | fall | →........................................ |
| break that vase | be furious | →........................................ |
| finish homework before nine | watch TV | →........................................ |

**3 Entoure la forme appropriée.**

• If we *hurry* / *'ll hurry*, we *catch* / *'ll catch* the bus.
• If my friends *invite* / *will invite* me I *go* / *'ll go* to their party.
• I *write* / *'ll write* to you if you *give* / *'ll give* me your address.
• If it *rains* / *'ll rain* we *stay* / *'ll stay* at home.

## Que se passera-t-il si... ?

Tu peux poser la question avec **will** + **base verbale** et **if** + **présent simple** :
**What will you do if they say no?** Que feras-tu s'ils refusent ?

**4 Pose la question pour savoir ce qui se passera si...**

• it rains tomorrow. ........................................
• the TV set doesn't work. ........................................
• you meet your English teacher in the street. ........................................
• you meet your favourite singer. ........................................

# LA CAPACITÉ, LA POSSIBILITÉ

## Comment parler de ce que l'on pourra ou ne pourra pas faire ?

On ne peut associer un modal à un autre modal. Pour exprimer la possibilité ou la capacité dans le futur, on ne peut donc pas employer **will** avec **can**.
Pour dire 'pouvoir' au futur, on emploie :

| | |
|---|---|
| **Forme affirmative** | Sujet + **will** / **'ll** + **be able to** + base verbale |
| **Forme interrogative** | **Will** + sujet + **be able to** + base verbale |
| **Forme négative** | Sujet + **won't** + **be able to** + base verbale |

- La forme est la même à toutes les personnes.

**I can't go to the dentist's today, but I'll be able to go tomorrow.**
Je ne peux pas aller chez le dentiste aujourd'hui, mais je pourrai y aller demain.

✔ *Able est un adjectif qui veut dire 'capable'.*

**1 Complète les phrases avec une forme de can ou be able to selon le cas.**

- I'm busy now, but I'll ................ help you later.
- When you finish your exams, you ................ have a holiday.
- If you do all your homework now, you'll ................. watch a film later.
- I'm sorry, but we won't ................. come to your party on Friday.
- Can you be quiet please? I ................. hear myself think!
- Alan had an accident, so he won't ................. play in the match tonight.
- Don't worry! I ................. collect the kids from school today.
- My Grandmother's amazing. She ................. speak six languages.

**2 Jason Robertson va partir pour un voyage dans l'espace. Avant le départ, tu lui poses des questions sur ce qu'il pourra ou ne pourra pas faire.**

..........................................................................................................................................

..........................................................................................................................................

..........................................................................................................................................

..........................................................................................................................................

**3 Traduis en anglais.**

- Vous ne pourrez pas partir demain, il n'y a pas de train. ..............................................
..........................................................................................................................................
- Est-ce que Molly pourra s'occuper de Blackie ? ..............................................................
..........................................................................................................................................
- Je ne pourrai pas te téléphoner. ......................................................................................
..........................................................................................................................................
- Nous pourrons voyager par le train. ...................................................................................
..........................................................................................................................................

# L'OBLIGATION

## Quelle différence y a-t-il entre must et have to ?

Tous deux expriment une idée d'obligation. Ils indiquent ce qu'on **doit** faire, ce qu'**il faut** faire. Mais :

- En employant must, celui qui parle **impose l'obligation**.

You must work harder. Tu dois travailler davantage. (dit une mère à son enfant, elle veut qu'il/elle le fasse)

- En employant have to, celui qui parle **informe sur l'obligation**, il la constate, il ne l'impose pas.

English school kids have to wear a school uniform. Les écoliers anglais doivent porter un uniforme. (c'est comme ça, c'est la règle)

**1 Reconstitue les phrases complètes.**

1. They have to wait for the bus
2. Do you have to call Mary
3. We have to clean the class,
4. Do you have to take a taxi
5. Do they have to use their calculators

a. it's messy.
b. for that exercise?
c. because it's late.
d. before five?
e. or can you take the bus?

## Comment construire must et have to ?

Must est un **modal**.

| Forme affirmative | Forme interrogative | Forme négative |
|---|---|---|
| Sujet + must + base verbale<br>I must go. | Must + sujet + base verbale<br>Must you go? | Sujet + must not / mustn't + base verbale<br>I mustn't go. |

Have to n'est pas une expression modale.

| Forme affirmative | Forme interrogative | Forme négative |
|---|---|---|
| Sujet + have to + verbe<br>(3ᵉ pers. has to)<br>They have to leave. | Do + sujet + have to + verbe<br>(3ᵉ pers. does)<br>Do they have to leave? | Sujet + do not / don't + have to + verbe<br>(3ᵉ pers. does)<br>They don't have to leave. |

✔ *N'oublie pas que la troisième personne du singulier est différente : has à l'affirmative, does aux autres formes.*

**2 Lis la note laissée par Molly à Joan au sujet du chat Blackie et réponds aux questions.**

There's food for Blackie in the cupboard in the kitchen.
Don't forget to give him milk.
And you must change its litter every day.
Make sure you close the door when you leave, and the windows too!

a. Does she have to buy food? ..................................
..................................
b. Does she have to give water to the cat? ..................................
..................................
c. What does she have to do every day? ..................................
..................................
d. What does she have to do when she goes out?
..................................

## Y a -t-il des cas où l'on est obligé d'employer have to ?

On ne peut associer un modal à un autre modal. On ne peut donc pas employer **will** avec **must**. Pour exprimer une obligation au passé ou au futur, il est impossible d'employer **must**. On doit employer **have to**.

- **Obligation passée** : pour parler de ce qu'il a fallu faire, on emploie : **had to** + **base verbale**.

We <u>had to</u> wait for an hour. Nous avons dû attendre une heure.

- **Obligation future** : pour parler de ce qu'il faudra faire, on emploie : **will** / **'ll** + **have to** + **base verbale.**

You'<u>ll have to</u> change train at Leeds. Il faudra/Tu devras changer de train à Leeds.

**3** **Hier, Sue a joué de malchance. Elle devait aller chez le dentiste... Complète les phrases en t'inspirant de l'exemple suivant :** *The bookshop was closed. → She had to go to another bookshop.*

- She woke up late. (*call a taxi*) ..............................
- There were no taxis free. (*take the bus*) ..............................
- She arrived late for her appointment. (*wait an hour*) ..............................
- Her dentist wasn't free. (*see another dentist*) ..............................
- Later at home, she felt terrible. (*go to bed early*) ..............................

**4** **Les parents de John ne sont pas contents de ses résultats et de son attitude à la maison. Indique à John ce qu'il devra faire à l'avenir en t'inspirant de la liste ci-dessous.**

| | | | |
|---|---|---|---|
| Take dog out. | Help Dad in garden. | Help Mum in kitchen. | Tidy bedroom. |
| Play music quietly. | Be polite. | Do homework every night. | Wash the car once a month. |

..............................

..............................

## Peut-on exprimer l'interdiction avec have to ?

- **Non**, la forme négative de **have to**, c'est-à-dire **don't have to**, exprime **l'absence d'obligation**.

C'est une façon de dire qu'il n'est pas nécessaire de..., que ce n'est pas la peine de...

A fireman <u>has to</u> be athletic but he <u>doesn't have to</u> be a champion.

Un pompier doit être sportif, mais il n'est pas nécessaire qu'il soit un champion.

- Tu peux exprimer l'interdiction :

– par un **impératif négatif** : Don't run. Ne cours pas.

– en utilisant **mustn't** : You mustn't run. Tu ne dois pas courir. Il ne faut pas courir.

– en utilisant **be allowed to** : You're not allowed to run. Il est interdit de courir.

**5** **Traduis en anglais.**

- Je suis obligé(e) de partir. ..............................
- Je ne suis pas obligé(e) de les suivre. ..............................
- Ce n'est pas la peine que tu viennes, Lisa. ..............................
- Est-ce que nous sommes obligé(e)s de rester ? ..............................
- Ce n'est pas la peine d'aller faire des courses. ..............................

# 'COULD'

## Qu'est-ce que could ?

Could est le passé du modal can. Il se construit donc de la même manière.

| Forme affirmative | Forme interrogative | Forme négative |
|---|---|---|
| Sujet + could + base verbale | Could + sujet + base verbale | Sujet + couldn't + base verbale |

**1 Remets de l'ordre dans ces phrases avec could.**

- so / couldn't / I / tired / I / awake / . / was / stay / that ..........
- younger / could / When / run / I / fast / quite / . / was / I ..........
- the / sleep / couldn't / I / because / of / . / night / storm / last ..........
- swim / could / brother / he / years / was / three / . / when / old / My ..........
..........
- glad / help / I'm / I / the / you / could / yesterday / car / . / repair ..........
- your / sorry / I'm / I / to / come / Saturday / . / couldn't / on / party ..........

## Quand utiliser could ?

• Tu viens de voir que could est le passé de can, on l'utilise donc dans une phrase au passé.
Teddy <u>could</u> read at the age of four! Teddy savait lire à quatre ans !
• On emploie aussi could pour parler de ce que l'on **pourrait** faire.
I'd like to be on holiday, I <u>could</u> stay at home all day.
J'aimerais être en vacances, je pourrais rester à la maison toute la journée.
• Could est souvent employé dans une question **polie** :
Could you open the window, please? Pourriez-vous ouvrir la fenêtre, s'il vous plaît ?

✔ *Voir aussi le souhait, I'd like to p. 22.*

**2 Termine la phrase en indiquant trois choses que tu pouvais ou savais faire et deux que tu ne pouvais ou ne savais pas faire quand tu étais plus jeune.**

When I was six year old ..........
.........., ..........
..........
.........., and ..........
..........
.......... But ..........
..........
.........., and ..........
..........
..........

**3 Thomas rêve à ce qu'il pourrait devenir. Termine ses phrases.**

I'd like to be a fireman, I could ..........
..........
I'd like to be an astronaut, ..........
..........
I'd like to be a teacher, ..........
..........

**Et toi ? qu'aimerais-tu être ? Qu'aimerais-tu pouvoir faire ?**

..........
..........
..........
..........

# LE CONSEIL / 'SHOULD'

## Comment donner un conseil ?

Pour donner un conseil en anglais, on utilise un auxiliaire **modal** : should.
Comme tous les modaux :

- Should reste le même à toutes les personnes, il est invariable.
- Should est suivi d'une base verbale.
- Le schéma de la forme **interrogative** est : should + **sujet** + **base verbale.**
- Le schéma de la forme **négative** est : **sujet** + shouldn't + **base verbale.**

(Il y a parfois dans la forme négative shouldn't, une nuance de reproche.)

✔ *Dans should on n'entend pas le 'l'. C'est un 'l' muet comme dans could* *(voir p. 32)* *et would* *(voir p. 23)**.*

**1 Remets de l'ordre dans ces phrases.**

- should / I / smoking / . / you / stop / think ...
...................................................................
- help / children / their / with / homework / their / . / should / Parents ..............................
...................................................................
- should / You / your / what / tells / teacher / . / you / do ..............................
...................................................................
- sandwiches / take / we / some / for / journey / the / ? / Should ..............................
...................................................................
- home / I / taxi / . / should / take / a ..............
...................................................................
- music / play / You / your / loud / night / at / . / shouldn't / too ..............................
...................................................................
- Liz / we / Should / to / ? / invite / party / the
...................................................................
- test / You / much / worry / too / . / about / shouldn't / the ..............................
...................................................................

**2 Traduis en anglais.**

- Qu'est-ce que je devrais faire ?
...................................................................
- Ce livre est passionnant, tu devrais le lire.
...................................................................
- Vous ne devriez pas fermer cette porte.
...................................................................
- Mon père devrait faire du sport.
...................................................................

**3 Donne deux conseils (un à la forme affirmative, un à la forme négative) à chacun de ces personnages.**

a. 
...................................
...................................
...................................
...................................

b. 
...................................
...................................
...................................
...................................

c. 
...................................
...................................
...................................
...................................

d. 
...................................
...................................
...................................
...................................

e. 
...................................
...................................
...................................
...................................

# LES ADVERBES DE FRÉQUENCE

## Quels sont les adverbes de fréquence ?

Les principaux adverbes de fréquence sont : **always** (toujours), **never** (jamais), **usually** (généralement), **often** (souvent), **sometimes** (parfois).

Attention, ils ont une place bien précise dans la phrase.

- L'adverbe se met généralement immédiatement **avant le verbe.**

I never go skiing. Je ne vais jamais faire du ski.

- Il se met **après l'auxiliaire** be.

I'm often late. Je suis souvent en retard.

✔ *Attention, never suffit à rendre une phrase négative, il n'y a pas d'autre négation dans la phrase.*

**1 Remets de l'ordre dans les phrases.**

- late / She / work / for / . / usually / isn't .......
.................................................................
- sometimes / you / to / go / the / ? / Do / cinema
.................................................................
- to / have / I / breakfast / make / . / never / time
.................................................................
.................................................................
- do / never / their / Some / homework / . / pupils
.................................................................
- lunch / I / a / for / . / sandwich / often / have
.................................................................
- cooks / pizzas / My / . / always / Mum / great
.................................................................
- skiing / sometimes / Austria / go / . / We / in
.................................................................
- the / don't / phone / on / . / speak / often / We
.................................................................

**2 Récris les phrases en plaçant l'adverbe à l'endroit qui convient.**

- Chris goes to the cinema at weekends. (*sometimes*) ..........................................
.................................................................
- Tina walks to school. (*always*)......................
.................................................................
- Paul and Julia are late. (*always*) ...................
.................................................................
- Luke gets up at 8 o'clock. (*often*)..................
.................................................................
- Mr and Mrs Blake watch TV in the evening. (*usually*) ..........................................
.................................................................
- I'm patient. (*usually*)..................................
.................................................................
- Do you play tennis? (*often*) .........................
.................................................................

## Comment interroger sur la fréquence ?

On pose la question de la fréquence avec : **How often...?** (mot à mot : 'combien souvent ?')

How often do you practise? Tu t'entraînes tous les combien ?

**1 Tu fais une enquête sur les habitudes sportives et les 'hobbies' de tes camarades. Établis ta liste de questions avec How often...?**

.................................................................................................................
.................................................................................................................
.................................................................................................................
.................................................................................................................
.................................................................................................................
.................................................................................................................

# LA SUGGESTION

## Comment proposer de faire quelque chose ?

Tu as déjà vu en sixième : **Let's** + **base verbale**.

**Let's go.** Allons-y. **Let's go to the cinema.** Allons au cinéma.

Mais il existe d'autres formes de suggestion.

On propose souvent de faire quelque chose sous forme de question :

- **Why don't you** + **base verbale**

**Why don't you call Pamela?** Pourquoi ne pas appeler Pamela ? Si tu appelais Pamela ?

- **Why don't we** + **base verbale**

**Why don't we have fish and chips?** Si on prenait du poisson et des frites ?

- **What about** + **nom**

**What about a cup of tea?** Si on prenait une tasse de thé ?

- **What about** + **gérondif**

**What about going to London?** Si on allait à Londres ?

✔ *About est une préposition, il est donc normal qu'elle soit suivie d'un gérondif.* *Voir p. 36.*

**1** **Ces personnes ont un problème. Fais-leur des suggestions pour améliorer les choses. (Pense à varier tes formulations.)**

**Tu peux utiliser :** *take a taxi, open/shut the window, go to bed, have a drink, sit, have a break, call the police, put on a jumper.*

**a. Laura** : I'm hot. → ..................

**b. Peter** : I'm thirsty. → ..................

**c. John** : I'm late. → ..................

**d. Sally** : I'm tired. → ..................

**e. Pat** : I'm sleepy. → ..................

**f. Ted** : I'm cold. → ..................

**g. Mary** : I'm scared. → ..................

**2** **Traduis en anglais.**

- Si on demandait au chef de gare (*station master*) ?

..................

- Pourquoi ne pas acheter un cadeau pour Samantha ?

..................

- Si on allait chez Jim ?

..................

- Si on prenait un morceau de gâteau ?

..................

- Pourquoi ne pas envoyer une carte à Mrs Green ?

..................

- Si on faisait une fête ?

..................

- Si on arrêtait ?

..................

# LE GÉRONDIF

## Quand ajoute-t-on la terminaison -ing à un verbe ?

Tu as vu la construction be + verbe -ing (page 6).
Mais en dehors de cette construction, on peut ajouter la terminaison -ing à un verbe pour le transformer en une sorte de nom.
Cette forme en -ing s'appelle parfois **nom verbal** ou **gérondif**. Elle correspond à l'idée de 'l'action de faire'.
Par exemple lire (verbe) = read. Lire, au sens de l'action de lire, la lecture = reading.
En français, le gérondif correspond soit à un nom, soit à un infinitif.
Beaucoup de noms de sports, par exemple, sont des gérondifs.

ride → riding — swim → swimming
jump → jumping — sail → sailing

✔ *N'oublie pas les petites modifications d'orthographe quand on ajoute une terminaison en -ing. Le 'e' final disparaît : write → writing. La consonne finale d'un verbe d'une syllabe, terminé par voyelle + consonne, double : cut → cutting.*

**1 Retrouve les 14 gérondifs cachés dans cette grille.**

| | | | | | | | | | | | | | |
|---|---|---|---|---|---|---|---|---|---|---|---|---|---|
| z | s | k | a | t | i | n | g | c | i | a | l | d | t |
| t | k | r | g | r | f | m | w | l | b | b | c | r | m |
| d | i | n | a | u | s | o | i | e | t | v | j | a | o |
| r | i | d | i | n | g | d | n | a | c | p | p | w | q |
| i | n | e | k | n | p | t | d | n | a | t | a | i | r |
| v | g | l | t | i | t | h | s | i | n | g | i | n | g |
| i | r | j | h | n | l | o | u | n | o | x | n | g | s |
| n | s | h | s | g | r | b | r | g | e | l | t | n | k |
| g | x | r | b | r | u | j | f | t | i | s | i | u | t |
| k | h | b | d | f | g | k | i | m | n | k | n | f | m |
| f | x | f | e | n | c | i | n | g | g | w | g | a | p |
| v | u | r | u | i | r | f | g | d | d | c | x | b | u |
| r | b | h | j | f | i | s | h | i | n | g | r | s | z |
| c | l | i | m | b | i | n | g | j | s | z | x | p | q |

.................................................
.................................................
.................................................
.................................................
.................................................
.................................................
.................................................

**2 Écris les mots anglais correspondant aux mots français.**

- escalade ..............................
- équitation ..............................
- escrime ..............................
- peinture ..............................
- conduite automobile ..............................
- course ..............................
- canoë ..............................
- patinage ..............................
- chant ..............................
- dessin ..............................
- pêche ..............................
- ski ..............................
- nettoyage ..............................
- planche à voile ..............................

## Quand utiliser un gérondif ?

Le gérondif ou nom verbal, peut être, comme un nom :

- Sujet d'un verbe : Ice skating is Damian's favourite sport.
  Le patinage sur glace est le sport préféré de Damian.
- Complément d'un verbe : I love acting.
  J'adore jouer la comédie.

**3 Traduis en anglais.**

- Je n'aime pas faire de la voile. J'ai le mal de mer. ..............................
- L'escalade peut être dangereuse. ..............................
- Tu aimes danser ? ..............................
- J'adore aller au cinéma. ..............................
- J'aime (*enjoy*) jouer à des jeux vidéo. ..............................
- Faire du jogging est bon pour la santé. ..............................

## Y a-t-il des cas ou il faut absolument employer le gérondif ?

Lorsqu'un verbe suit une préposition, il doit être au gérondif.
Seule la préposition to est suivie d'une **base verbale**.

✔ *Rappel des prépositions les plus courantes : about, after, at, before, for, in, of.*

**4 Remets de l'ordre dans ces phrases.**

- out / She / breakfast / having / . / went / after
  ..............................
- brother's / good / My / remembering / names / at / really / . / people's ..............................
  ..............................
- speaking / of / public / hate / in / . / people / Lots ..............................
- party / you / to / to / go / the / ? / want / Do
  ..............................
- up / getting / early / the / in / . / hate / morning / I ..............................
- use / knife / this / bread / cutting / for / We / . / don't ..............................
- house / all / close / the / , / the / . / leaving / windows / Before ..............................
- bad / health / is / . / Smoking / for / your .....
  ..............................

**5 Complète les phrases avec le verbe proposé à la bonne forme.**

- My sister's quite good at .................. (*write*) short stories.
- Why did you decide to .................. (*buy*) a dog?
- My father hates .................. (*take*) the bus to work.
- ............ (*do*) sport is one way to .................. (*keep*) fit.
- One day, I hope to .................. (*travel*) all around the world.
- .................. (*read*) is something I really love.
- I thought you said your mother was good at .................. (*cook*).
- I'm not very interested in .................. (*watch*) television.

# LES COMPOSÉS DE 'SOME'

## Quels sont les principaux composés de some ?

- Pour parler de **quelqu'un**, sans dire qui, on emploie : someone ou somebody.
- Pour parler de **quelque chose**, sans dire quoi, on emploie : something.
- Pour parler d'**un endroit**, sans dire lequel, on emploie : somewhere.

**1 Complète les phrases avec le composé de some approprié.**

- .................. was waiting at the bus stop, we asked where the hospital was.
- I found .................. strange in an old case.
- Is there .................. wrong?
- The village is .................. up in the hills.
- I'm looking for .................. who knows Peter's address.

## Comment fonctionnent les composés de some ?

Ils suivent les mêmes règles que some.

| Phrase affirmative | Phrase interrogative | Phrase négative |
|---|---|---|
| someone / somebody<br>something<br>somewhere | anyone / anybody<br>anything<br>anywhere | no one / not anyone<br>nobody / not anybody<br>nothing / not anything<br>nowhere / not anywhere |

✔ *Attention à l'orthographe particulière de no one, en deux mots.*

**2 Something, anything, nothing : à toi de choisir.**

- I'm bored, there's .................. to do here.
- .................. funny happened at school, today.
- There isn't .................. to eat.
- I've got .................. for you. – Oh! Thank you.
- I haven't got .................. for you. – Oh! What a pity.
- It was silent. I could hear .................. at all.

**3 Traduis en anglais.**

- Je ne vois personne ..........................................................................................
- Est-ce que quelqu'un connaît la réponse ? ..........................................................
- John a passé ses vacances quelque part en Grèce. ...............................................
- Il y a quelqu'un à la porte. ..................................................................................
- Tu es allé quelque part cet été ? ..........................................................................
- Quelqu'un t'a vu hier au stade. ............................................................................

# 'TOO', 'TOO MUCH', 'TOO MANY'

## Comment parler de l'excès ?

Il y a plusieurs cas possibles qui correspondent à 'trop' adverbe et à 'trop' quantifieur.

**Adverbe**

• Too + **adjectif ou adverbe** = trop
This coat is <u>too</u> big.
Ce manteau est trop grand.
• **Verbe** + too much = trop (adverbe)
We work <u>too much</u>! Nous travaillons trop !

**Quantifieur** (c'est-à-dire indiquant la quantité)

La différence entre les dénombrables (que l'on peut compter) et les indénombrables (que l'on ne peut pas compter) est importante en anglais. Elle joue, notamment, un rôle dans l'emploi de many et much (beaucoup de) ou de how many et how much (combien de).
• Too many + **nom pluriel (dénombrable)** = trop de
There are <u>too many</u> pictures, I can't choose.
Il y a trop d'images, je n'arrive pas à choisir.
• Too much + **nom singulier (indénombrable)** = trop de
Don't put <u>too much</u> milk in your tea.
Ne mets pas trop de lait dans ton thé.

✔ *Les indénombrables ne se mettent pas au pluriel.*

**1 Complète les phrases avec too, too much ou too many.**

• There are .................... cars on this road.
• He feels sick because he had .................... ice cream.
• Isn't it .................... late to play drums?
• This case's .................... heavy. There are .................... things in it.
• She's always tired. I'm sure she works .................... .
• My children watch .................... cartoons on television
• You must stop. There are .......................... people in this car.
• Don't make .................... noise! The baby's sleeping.
• She always buys .................... presents.

**2 Traduis en anglais.**

• Tu manges trop de chocolat. ..........................
..........................................................
• Il est dangereux de conduire trop vite.
..........................................................
• Nous sommes trop loin, nous ne pouvons pas voir les acteurs. ..........................
..........................................................
• Elle mange trop de bonbons. ..........................
..........................................................
• Elle mange trop ! ..........................
..........................................................
• Nous avons trop de travail, trop de leçons, trop d'exercices. ..........................
..........................................................
• Il y a trop de gens et trop de bruit ici.
..........................................................

# LES PAIRES PIÈGES

## Quelle différence y a-t-il entre say et tell ?

Les deux verbes se traduisent par 'dire' en français ; mais on ne peut pas les employer de la même façon.

• **Say**

Le verbe say s'emploie pour **dire quelque chose,** éventuellement à quelqu'un, mais c'est le quelque chose qui est prioritaire.

Say something (to somebody).

Don't say 'yeah', say 'yes'. Ne dis pas 'ouais', dis 'oui'.

• **Tell**

Le verbe tell s'emploie pour dire quelque chose **à quelqu'un.** C'est la personne à qui l'on parle qui est prioritaire. Le nom ou le pronom représentant **la personne à qui l'on parle** vient **immédiatement après** le verbe tell.

Tell somebody something.

Don't tell Mum I broke the vase. Ne dis pas à Maman que j'ai cassé le vase.

✔ *Say et tell sont des verbes irréguliers.*
*Say → said.*
*Tell → told.*

**1 Complète avec la forme appropriée : say, says, said, tell, told.**

• My friend Mary always .................... 'oh, so sorry'.
• Don't .................... Jane I bought a present for her.
• Don't .................... 'Good morning' at two o'clock!
• Last night, Betty .................... me a secret.
• Why did you .................... that?
• I .................... I couldn't go to the party.
• Pam .................... me she had a new boyfriend.
• Never .................... never!
• Don't .................... her my idea.
• She .................... she was tired.
• ................ Mum I'll be late.

**2 Barre le verbe inadapté**

• Did you *say* / *tell* yes?
• She didn't *say* / *tell* a word?
• *Say* / *Tell* everybody the match is cancelled.

**3 Traduis en anglais.**

• Mon père a dit non, mais ma mère a dit oui.
..........................................................................
..........................................................................
• Qu'est-ce que Mr Mortimer t'a dit ?
..........................................................................
..........................................................................
• Qui a dit 'To be or not to be, that is the question' ?
..........................................................................
..........................................................................
• J'ai dit : 'Joyeux Noël et Bonne année !'.
..........................................................................
..........................................................................
• Les professeurs disent toujours 'Dépêchez-vous'.
..........................................................................
..........................................................................
• Dis à tout le monde que Betty est la meilleure !
..........................................................................
..........................................................................

## Quelle différence y a-t-il entre do et make ?

Les deux verbes se traduisent par 'faire' en français mais ils ne sont pas interchangeables. Il n'est pas toujours facile de savoir lequel employer.

• Do

Le verbe do signifie plutôt **'avoir une activité'**, **'accomplir une tâche'**.
What are you <u>doing</u>? Qu'est-ce que tu fais ? Quelle est ton activité ?

• Make

Le verbe make signifie **'faire'**, **'fabriquer'**, **'produire'**. Il évoque une idée de construction, de fabrication.
I'm going to <u>make</u> a cake for the party. Je vais faire un gâteau pour la fête.
Attention, le verbe 'faire' français a aussi d'autres équivalents anglais.
It'<u>s</u> terribly cold here. Let's <u>make</u> a fire. Il **fait** très froid ici. **Faisons** un feu.
Essaie de retenir des expressions complètes avec do ou make, comme : Make your bed. Fais ton lit. Do your homework. Fais tes devoirs.

✔ *Ces deux verbes sont irréguliers.*
*Do → did.*
*Make → made.*

**4 Quel verbe utiliseras-tu comme équivalent de 'faire' dans les phrases suivantes ?**

**a.** Ma mère **fait** les courses.
do ☐ make ☐ autre ☐

**b.** Est-ce que les enfants ont **fait** leurs lits ?
do ☐ make ☐ autre ☐

**c.** Peter **fait** du jogging tous les matins.
do ☐ make ☐ autre ☐

**d.** Qui a **fait** cette maison de poupées ?
do ☐ make ☐ autre ☐

**e.** Il **fait** trop chaud, je ne sors pas.
do ☐ make ☐ autre ☐

**f.** Je **ferai** mes exercices de math ce soir.
do ☐ make ☐ autre ☐

**g.** Il **fait** frisquet.
do ☐ make ☐ autre ☐

**5 Complète avec la forme appropriée : do, does, did, make, made.**

• Did you .......................... breakfast this morning?
• My sister always .................... her homework late at night.
• I only ..................... three mistakes in my English test.
• We can .................... some sandwiches for the party tonight.
• My brother .................... a lot of sport at his new school.
• Can you .................... me a favour and get me some stamps?
• What does your father ..................... for a living?
• My father sometimes .................... the cooking at the weekend.

**6 Traduis en anglais**

• Cela te fera du bien. ..................................................
• Qu'est-ce que tu fais ici ? ..................................................
• Est-ce que tu feras un gâteau ? ..................................................
• Je ne peux pas faire de sport. ..................................................

# LES QUESTIONS AVEC 'HOW'

## Quand emploie-t-on how + adjectif pour avoir un renseignement ?

Tu as vu en sixième que l'on utilise **how** pour interroger sur :
- l'âge : **How old… ?**
- le nombre : **How many... ?**
- la quantité : **How much... ?**

Dans ce cahier, tu as vu aussi :
- la fréquence : **How often...?**

Mais on utilise aussi des expressions semblables pour interroger sur :
- la distance : **How far... ?**
- la taille : **How big... ?**
- la hauteur : **How high... ? How tall... ?**
- la durée : **How long… ?**
- la durée écoulée : **How long ago… ?**

✔ *N'oublie pas le 'h' aspiré de how.*

**1 Remets de l'ordre dans ces questions.**

- often / do / How / the / you / go / cinema / ? / to ..............................
- many / How / CDs / has / brother / your / got / ? ..............................
- it / How / is / to / stop / nearest / far / bus / ? / the ..............................
- Seine / is / long / River / ? / How / the ..............................
- much / did / your /How / trainers / ? / new / cost ..............................
- is / your / ? / sister / How / old ..............................
- long / did / How / Paris / you / to / ? / ago / move ..............................
- the / How / is / Eiffel / Tower / ? / tall ..............................
- much / you / How / did / for / pay / it / ? ..............................

**2 Pose les questions qui te permettront de découvrir les informations qui ont été masquées dans les phrases suivantes.**

- Glasgow is ||||| miles from London. ..............................
- They stayed ||||| weeks in Italy. ..............................
- I go to the stadium ||||| times a week. ..............................
- The Chrysler Building is ||||| metres high. ..............................
- I can stay ||||| minutes under water. ..............................
- Timothy is one year old, his sister is ||||| year old. ..............................
- We got Ted's letter ||||| days ago. ..............................

# BRITISH ENGLISH / AMERICAN ENGLISH

## Anglais et américain, est-ce la même langue ?

Il ne s'agit pas de langues différentes, mais une langue est le reflet d'une histoire, d'une civilisation et il existe certaines particularités dans l'anglais utilisé de part et d'autre de l'Atlantique.
Outre des différences de prononciation, on trouve **des différences d'orthographe.**

• Le groupe 'our' (UK) s'écrit 'or' aux USA.

| UK | US |
|---|---|
| colour | color |
| favourite | favorite |

• Le groupe 're' (UK) s'écrit 'er' aux USA.

| UK | US |
|---|---|
| centre | center |
| theatre | theater |

• Le groupe 'se' en finale d'un verbe (UK) s'écrit 'ze' aux USA.

| UK | US |
|---|---|
| analyse | analyze |
| paralysed | paralyzed |

• Le groupe 'amme' (UK) s'écrit 'am' aux USA.

| UK | US |
|---|---|
| programme | program |

**1 Range les mots dans la bonne colonne en fonction de leur orthographe.**

neighbor — metre — telegram — neighbour — meter — telegramme
apologise — harbor — flavor — catalogue — colourful — catalog
harbour — apologize — colorful — flavour

UK
..........................................................................
..........................................................................
..........................................................................
..........................................................................

US
..........................................................................
..........................................................................
..........................................................................
..........................................................................

## Y a-t-il des différences de vocabulaire ?

Certains mots (peu nombreux) sont complètement différents en British English et American English. Tu les connaîtras rapidement.
Voici quelques exemples :

| UK | US |
|---|---|
| lift | elevator |
| biscuit | cookie |
| postman | mailman |
| trousers | pants |

✔ *Dans un dictionnaire, on trouve généralement les indications nécessaires.*

**2 Donne les versions UK et US de ces phrases.**

• Ne prends pas l'ascenseur. ..........................................................................
..........................................................................
• Où est mon pantalon ? ..........................................................................
..........................................................................
• As-tu vu le facteur ? ..........................................................................
..........................................................................

# CORRIGÉS

## LES MOTS TRANSPARENTS ET LES 'FAUX AMIS' — PAGE 4

**1.** pot rat, orange, biscuit, lamp, elephant, magazine.
Le huitième mot est : **problem**.

**2.** The other week, I took all my family on a surprise trip to the zoo. We took a taxi to the station because it's quite a distance from our house. The train was on time, and we arrived there early in the afternoon. I think it's cruel to keep animals in cages, even dangerous animals. We saw lions and tigers, elephants and zebras and giraffes. We spent three or four hours there, and then we went to a little park near the zoo and had a picnic with sandwiches and cakes, tea and lemonade for the children. It was a really special day.

**3.** 1, c / 2, f / 3, e / 4, b / 5, a / 6, d.

## LES NOMBRES, LES NUMÉROS, LES DATES — PAGE 5

**1. 665** : six hundred and sixty five. **208 860 4161** : two, o, eight, eight, (ou double eight) six, o, four, one, six, one. **2.54** : two point five, four. **1.6093** : one point six, o, nine, three. **5639** : five, six, three, nine.

**2. 1066** : ten sixty-six. **1666** : sixteen sixty-six. **1894** : eighteen ninety-four. **1960** : nineteen sixty. **2000** : two thousand. **2004** : two thousand and four. I was born in… **nineteen…**

## LA FORME 'BE' + VERBE EN '-ING' AU PRÉSENT — PAGES 6 ET 7

**1.** Dear Nina, It's beautiful weather here today. I'm sitting in a café, looking at your photo and thinking of you. What are you doing? We're having a great time here, and I understand a few words of Italian now. Oh, I have to go now. The bus is coming, and I want to visit Pisa today.

**2. a.** She's dancing. **b.** She's singing. **c.** He's reading. **d.** They're talking. **e.** The lion's sleeping. **f.** He's playing rugby.

**3.** What's he eating? What are you all doing/watching? What's John doing/using? What are you reading? How are you feeling? Who's winning the match? Where are you working?

**4.** Hi John,
Thanks very much for your letter. This is just a quick reply because we're leaving in a few minutes and going away for Liz's birthday. We're staying the night with Liz's parents, and tomorrow morning, we're all driving to London. Liz and her Mum are going shopping all day, of course. In the evening, we're having a surprise party for Liz, and some of her old university friends are coming. If you can come, just send me a message.
See you soon, Rob.

**5.** My cousins are coming at Christmas. Are you leaving tomorrow or on Sunday? We aren't going to the circus on Saturday. We're having a party next week.

**6. Situation présente**. a, c, d, f, g.
**Action programmée** : b, e, h, i.

## LE PRÉSENT SIMPLE — PAGES 8 ET 9

**1.** John **wakes** up every day at 7.00, **goes** to the bathroom and **has** a shower. Then he **shaves** and **brushes** his teeth. He **gets** dressed, then **goes** downstairs and **makes** breakfast. He usually **has** tea and toast. He **leaves** the house at about 8.00 and **catches** the bus to work. The journey **takes** about 30 minutes or so. He **stops** work at about 1.00 and **buys** a sandwich and a drink from a café near his office. He **works** till 5.30, then **leaves** his office and **goes** home.

**2.** play, laugh, buy.

**3. Do you…?** Yes, I do. **Do you…?** No, I don't. **Do you…?** Of course, I do. **Do they…?** No, they don't. **Does she…?** Yes, she does.

**4.** *The Jungle Book* by Rudyard Kipling tells us about the adventures of Mowgli. Mowgli lives in a jungle in India. He doesn't know his parents. He lives in a cave with a family of wolves. The wolves love him and treat him well…
Les verbes sont au présent simple parce que **ce sont des informations générales sur le livre et son contenu.**

**5.** Il faut choisir les phrases **a**, **c**, **e**, **h**, et si c'est une question générale : **g**.

**6.** Clara loves music. It's late. Where are you going? Firemen put out fires. The firemen are putting the fire out. I don't like that film. What's Laura doing in that car? Does your sister help you with your homework? We start school at half past eight.

## QUEL PRÉSENT ? — PAGES 10 ET 11

**1.** 1, d / 2, a / 3, f / 4, c / 5, e / 6, b.

**2.** Where are you going? What time does Jeff leave? What's Mary (ou tout autre prénom féminin) doing? What does Stella drink? What are you doing?

**3.** Look! It's raining. I 'm staying with my sister at the moment. Listen! Someone's coming. We're going to a party tonight at my friend's house. John's doing his homework now, so he can't come to the phone. Shh! The baby's sleeping. It doesn't usually rain, but it's raining today. Can you stop making that noise? I'm watching TV.

**4.** We **spend** the summer at our house in Spain every year. Every morning, he **leaves** the house at 7.30. I always **take** sandwiches to work. When it's hot, I sometimes **go** swimming. We usually **meet** at the club every Tuesday night. My English teacher often **corrects** my pronunciation. It never **rains** here in summer. My father **drives** me to school.

**5.** We usually **go** to the swimming pool on Mondays. It's Laura's birthday today. She**'s waiting** for her friends. My friends **visit** their Grandma every weekend. The kids are late. Look! They**'re running** to the bus stop. We **watch** television at six, every day. Listen! The musicians **are playing**. My father **is driving** me to school today

**6.** Shh! Clara's sleeping. She wants a new bag. I hate that film. Tom doesn't know Scotland. Look. Tom's taking your bike! Eh! Where are you going?

## LES PRONOMS PERSONNELS — PAGE 12

**1.** I really like **her**. Have you seen **them**? Can you take **us** in your car? You can have **it** if you want. I like **him** very much.

**2.** Richard came to my house yesterday and asked **me** to go and see a film with **him**. On the way, we saw some friends and invited **them** to come with us. They all liked the film, but I didn't enjoy **it** very much. Because the film finished so late, I rang my Mum and asked **her** to collect **us**, but she was busy and told **us** to get a taxi. I told **her** I didn't have enough money. 'Don't worry, she said. Your Dad will pay for **it**.'

**3.** Look at me. My brother's talking to you, answer him. That present's for you, open it. That lamp is old, don't break it! Don't speak/talk to me like that. Open the window, don't shut it!

## LES VERBES À POSTPOSITION OU PARTICULE — PAGE 13

**1.** across, up, back, off, to, after, in, out, down, on.

**2. back** = retour ; **in** = intérieur ; **up** = vers le haut ; **down** = vers le bas ; **out** = extérieur ; **away** = éloignement.

**3.** 1, c / 2, e / 3, a / 4, b / 5, d.

## LE PASSÉ PAGE 14

**1.** Les verbes irréguliers sont : buy, write, choose, win, sit, stand, teach, come, see et feel.

**2.**

| base verbale | past | base verbale | past |
|---|---|---|---|
| buy | bought | stand | stood |
| write | wrote | teach | taught |
| choose | chose | come | came |
| win | won | see | saw |
| sit | sat | feel | felt |

**3.** Where did you go? What time did you leave? What did you visit?

**4.** Rudyard Kipling didn't write *Peter Pan*. Captain James Cook didn't discover Canada. Isaac Newton didn't live in the 14th century.

## LE PASSÉ EN 'BE' + VERBE EN '-ING' PAGE 15

**1.** What **was** your sister doing in my room? I **was** watching television when the lights went out. What **were** we talking about in yesterday's lesson? I opened the door, and two friends **were** standing there. She **was** not listening to a word you said. When we left the house, the sun **was** shining. **Were** you doing your homework when I rang last night? I left the party early because I **was** not feeling well.

**2.** Mr and Mrs Brown were watching television. Paula was having dinner. / Peter was talking to a friend on the phone. Becky and her brother Ben were reading. **3.** Bob was playing in the sand, his mother was sunbathing…

## LES DEUX PASSÉS PAGE 16

**1.** We were having dinner when the lights went out. She was walking across the road when a car hit her. The boy was falling asleep when the teacher suddenly shouted at him. The post arrived while they were having breakfast. He was thinking of his girlfriend when suddenly she arrived. When I came into the room they were singing 'Happy Birthday'. She knocked on the door, but Tom was watching TV.

**2.** I was having a shower when you called. What were you doing last night? Did you enjoy the film yesterday? We went to Spain last year. I met an old friend while I was going to work. William Shakespeare wrote many plays.

**3.** I was dreaming when the alarm clock rang. What were you doing when he knocked at the door? Jimmy was walking on the beach, when, suddenly, he saw a dolphin. The old lady was sleeping, when, suddenly, her cat jumped onto her knees. Betty was listening to the radio, when the phone rang.

## LES REPÈRES TEMPORELS DU PASSÉ PAGE 17

**1.** I moved to London in January 2001 because of my job and I bought this house last year. Most of my family live in Scotland, but they visit me here quite often and stay at my house. Last month, my parents came to stay, and last week, my sister and her husband were here. They left last Sunday. Yesterday evening, my younger brother rang to tell me he's arriving tomorrow morning.

**2.** **1925** : eighty years ago. **1769** : two hundred and thirty-six years ago. **1928** : seventy-seven years ago. **1876** : a hundred and twenty-nine years ago. **1667** : three hundred and thirty-eight years ago.

## LES COMPARATIFS PAGES 18 ET 19

**1.** as light as **a feather** / as white as **snow** / as blind as **a bat** / as easy as **A B C** / as quiet as **a mouse.**

**2.** This exercise is not as difficult as the next one. His last job was not as interesting as his new one. This month's phone bill is not as high as last month's. It's not as cold in Greece as it is in England. The book is not as exciting as the film version. Some people think boys are not as intelligent as girls. I'm not as tired today as I was yesterday. It's not as funny as yesterday.

**3.** a. False. **b.** True. **c.** True. **d.** False. **e.** False. **f.** True.

**4.** Writing by hand is **slower** than using a computer. Crossing the road is **more dangerous** than travelling by plane. My mother is **taller** than my father. Going to the theatre is **more expensive** than going to the cinema. Rugby is **more exciting** than football. This exercise is **easier** than the last one. John is **smaller** than Jack. I arrived **earlier** than the others.

**5.** It's better than yesterday. Is Helen better than Barbara? Is that better? – No, it's worse. The night was worse than the morning.

## L'ORDRE DES MOTS DANS LE GROUPE NOMINAL PAGE 20

**1.** **a.** chicken soup. **b.** orange juice. **c.** shoe shop. **d.** race horse. **e.** horse race. **f.** chocolate cake. **g.** fruit cake. **h.** football club. **i.** club members.

**2.** a little silver box ; a blue cotton dress ; a red plastic umbrella ; a pair of old leather shoes ; long blonde hair ; a young English doctor ; a large wooden table ; a short fat man.

## LES SUPERLATIFS PAGE 21

**1.** What is the longest river in the world? Who is the cleverest pupil in the class? This is the easiest exercise in the whole book. The River Thames is the longest river in Britain. This party will be the biggest surprise of his life.

**2.** What's **the most exciting** film you've ever seen? The Nile is **the longest** river in the world. India and China have **the highest** populations in the world. This is **the most difficult** exercise in the book. Baseball's **the most popular** sport in America. **The hottest** country I've been to is Greece. My sister is **the kindest** person I know. David's **the cleverest** pupil in the class.

**3.** It's the worst day in my life. I'm the best. Who's the best?

## LE SOUHAIT PAGES 22 ET 23

**1.** For my birthday, **I'd like a new bike, a computer, a watch…**

**2.** If I had a lot of money, I could buy my family all the things they'd like. My brother likes music and I know he'd like a guitar so that he could join a band. He also likes girls and he'd probably like a girlfriend, but I can't help him with that. My sister really likes animals, and she'd like a cat, but I'd like a dog, so that could be a problem. The other day, Mum and Dad told me something they'd like – a holiday on their own!

**3.** I'd like to be a tennis-player but I wouldn't like to be a clown. I'd like to be a writer but I wouldn't like to be a baker.

**4.** 1 , f / 2, e / 3, d / 4, g / 5, b / 6, h / 7, a / 8, c.

**5.** What would you like to be? Where would you like to live? Who would you like to work with? Why would you

like to be a ....? How would you like to be called? Would you like to be a star? Would you like to travel in outer space?
**6.** I'd like to fly in a balloon. I wouldn't like to lose. Would you like to sit down? Would you like to see the film? Where would you like to go?

## LES SUBORDONNÉES COMPLÉTIVES — PAGES 24 ET 25

**1. a.** I think she's wrong. **b.** I think they're very clever. **c.** I think that soup tastes awful. **d.** I think they can't win. **e.** I think it's a good idea. **f.** I think it doesn't work.
**2.** Do you think it understands English?
Do you think it can speak?
Do you think it is happy here? ...
**3.** Do you think you'll pass your English exam? Do you think you will have children one day? Do you think you would like to be a teacher? Do you think this book will help you?
**4. a.** I hope so. **b.** I suppose so. **c.** I don't think so. **d.** I think so. **e.** I suppose so.
**5.** Do you think he's American? We hope you're happy. I suppose he is Doctor Brown. I don't think it's true. She imagines it's a joke.

## LE MODAL 'WILL' — PAGES 26 ET 27

**1.** Will she be at the meeting tomorrow? John won't be very happy about that. I will see you next week. The children will love their new room. You will really like this book. Will you buy some bread on your way home? He will never arrive in time. I'm afraid she won't come to the party.
**2. a.** Of course I will. **b.** Yes, they will. **c.** No, we won't. **d.** Yes, she will. **e.** No, they won't. **f.** Yes, I will. **g.** No, he won't. **h.** Yes, I will.
**3. Leo** : A colleague will want all your time this week. A health problem will continue until Friday when good news from your doctor will suddenly change the situation. A great week at work will tell you that this job is perfect for you.
**4.** He'll be a great doctor one day. I'll do the washing-up for you when I get home. I think it'll be a long hot summer this year. Do you think you'll pass your exam this time? Of course I'll help you. You'll love his new CD.

## L'HYPOTHÈSE — PAGE 28

**1.** If we're late we'll miss our bus. You'll be sick if you eat too much ice cream. If we run we won't miss the train. If you wait here you'll see the queen. I'll call you if I get there before ten.
**2.** If we win the first prize we'll be rich. If you are not careful you'll fall. If you break that vase your mother will be furious. If we finish homework before nine we'll watch TV.
**3.** If we *hurry* we*'ll catch* the bus. If my friends *invite* me I*'ll go* to their party. I*'ll write* to you if you *give* me your address. If it *rains* we*'ll stay* at home.
**4.** Where will you go if it rains tomorrow? What will you do if the TV set doesn't work? What will you say if you meet your English teacher in the street? What will you do if you meet your favourite singer?

## LA CAPACITÉ, LA POSSIBILITÉ — PAGE 29

**1.** I'm busy now, but I'll **be able** to help you later. When you finish your exams, you **can** have a holiday. If you do all your homework now, you'll **be able** to watch a film later. I'm sorry, but we won't **be able** to come to your party on Friday. Can you be quiet please? I **can't** hear myself think! Alan had an accident, so he won't **be able** to play in the match tonight. Don't worry! I **can** collect the kids from school today. My Grandmother's amazing. She **can** speak six languages.
**2.** Will you be able to...?
**3.** You won't be able to go tomorrow, there's no train. Will Molly be able to look after Blackie? I won't be able to call you. We'll be able to travel by train.

## L'OBLIGATION — PAGES 30 ET 31

**1.** 1, c / 2, d / 3, a / 4, e / 5, b.
**2. a.** No, she doesn't. **b.** No, she doesn't. **c.** She has to change its litter. **d.** She has to close the door and windows.
**3.** She had to call a taxi. She had to take the bus. She had to wait an hour. She had to see another dentist. She had to go to bed early.
**4.** He will have to take the dog out.
He'll have to play music quietly.
He'll have to tidy his bedroom.
He'll have to wash the car once a month.
He'll have to do his homework every night.
He'll have to be polite.
He'll have to help his Dad in the garden.
He'll have to help his mum in the kitchen.
**5.** I have to go. I don't have to follow them. You don't have to come, Lisa. Do we have to stay? We/You don't have to go shopping.

## COULD — PAGE 32

**1.** I was so tired that I couldn't stay awake. When I was younger I could run quite fast. I couldn't sleep last night because of the storm. My brother could swim when he was three years old. I'm glad I could help you repair the car yesterday. I'm sorry I couldn't come to your party on Saturday.
**2.** When I was six year old I could..., I could and I could... But I couldn't..., and I couldn't...
**3.** I'd like to be a fireman, I could **rescue people**. I'd like to be an astronaut, **I could explore the moon and Mars**. I'd like to be a teacher, **I could...**

## LE CONSEIL / 'SHOULD' — PAGE 33

**1.** I think you should stop smoking. Parents should help their children with their homework. You should do what your teacher tells you. Should we take some sandwiches for the journey? I should take a taxi home. You shouldn't play your music too loud at night. Should we invite Liz to the party? You shouldn't worry too much about the test.
**2.** What should I do? This book is exciting, you should read it. You shouldn't close that door. My father should do some sport.
**3. a.** You should slow down. You shouldn't go so fast. **b.** You should make a fire. You shouldn't stay here. **c.** You should go to bed. You shouldn't stay up late. **d.** You should go home. You shouldn't wait any more. **e.** You should clean the place. You shouldn't leave that here.

## LES ADVERBES DE FRÉQUENCE — PAGE 34

**1.** She isn't usually late for work. Do you sometimes go to the cinema? I never have time to make breakfast. Some

pupils never do their homework. I often have a sandwich for lunch. My Mum always cooks great pizzas. We sometimes go skiing in Austria. We don't often speak on the phone.
**2.** Chris **sometimes** goes to the cinema at weekends. Tina **always** walks to school. Paul and Julia are **always** late. Luke **often** gets up at 8 o'clock. Mr and Mrs Blake **usually** watch TV in the evening. I'm **usually** patient. Do you **often play** tennis?
**3.** How often do you play tennis? How often do you go to the stadium? How often do you practise judo? How often do you go to the swimming pool?

## LA SUGGESTION — PAGE 35

**1. a.** Why don't you open the window? **b.** What about a drink? **c.** Why don't you take a taxi? **d.** Why don't you have a break? **e.** What about going to bed? **f.** Why don't you put on a jumper? **g.** What about calling the police?
**2.** Why don't we ask the station master? Why don't we buy a present for Samantha? What about going to Jim's? What about a piece of cake? Why don't we send Mrs Green a card? What about having a party? Why don't we stop?

## LE GÉRONDIF — PAGES 36 ET 37

**1.** skating, riding, singing, fencing, fishing, climbing, driving, skiing, running, wind surfing, cleaning, canoeing, painting, drawing
**2.** escalade : climbing / patinage : skating / équitation : riding / chant : singing / escrime : fencing / dessin : drawing / peinture : painting / pêche : fishing / conduite automobile : driving / ski : skiing / course : running / nettoyage : cleaning / canoë : canoeing / planche à voile : wind surfing.
**3.** I don't like sailing. I'm seasick. Climbing can be dangerous. Do you like dancing? I love going to the movies. I enjoy playing video games. Jogging is good for your health.
**4.** She went out after having breakfast. My brother's really good at remembering people's names. Lots of people hate speaking in public. Do you want to go to the party? I hate getting up early in the morning. We don't use this knife for cutting bread. Before leaving the house, close all the windows. Smoking is bad for your health.
**5.** My sister's quite good at writing short stories. Why did you decide to buy a dog? My father hates taking the bus to work. Doing sport is one way to keep fit. One day, I hope to travel all around the world. Reading is something I really love. I thought you said your mother was good at cooking. I'm not very interested in watching television.

## LES COMPOSÉS DE 'SOME' — PAGE 38

**1. Someone** was waiting at the bus-stop, we asked where the hospital was. I found **something** strange in an old case. Is there **something** wrong? The village is **somewhere** up in the hills. I'm looking for **someone** who knows Peter's address.
**2.** I'm bored, there's **nothing** to do here. **Something** funny happened at school, today. There isn't **anything** to eat. I've got **something** for you. I haven't got **anything** for you. It was silent. I could hear **nothing** at all.
**3.** I can't see anybody. I can see nobody. Does anybody know the answer? John spent his holidays somewhere in Greece. There's someone at the door. Did you go anywhere this summer? Someone saw you at the stadium yesterday.

## 'TOO', 'TOO MUCH', 'TOO MANY' — PAGE 39

**1.** There are **too many** cars on this road. He feels sick because he had **too much** ice cream. Isn't it **too** late to play drums? This case's **too** heavy. There are **too many** things in it. She's always tired. I'm sure she works **too much**. My children watch **too many** cartoons on television You must stop. There are **too many** people in this car. Don't make **too much** noise! The baby's sleeping. She always buys **too many** presents.
**2.** You eat too much chocolate. It is dangerous to drive too fast. We're too far, we can't see the actors. She eats too many sweets. She eats too much. We have too much work, too many lessons, too many exercises. There are too many people and too much noise here.

## LES PAIRES PIÈGES — PAGES 40 ET 41

**1.** My friend Mary always **says** 'oh, so sorry'. Don't **tell** Jane I bought a present for her. Don't **say** 'Good morning' at two o'clock! Last night, Betty **told** me a secret. Why did you **say** that? **I said** I couldn't go to the party. Pam **told** me she had a new boyfriend. Never **say** never! Don't **tell** her my idea. She **said** she was tired. **Tell** Mum I'll be late.
**2.** Did you **say** 'yes'? She didn't **say** a word. **Tell** everybody the match is cancelled.
**3.** My father said no, but my mother said yes. What did Mr Mortimer tell you? Who said 'To be or not to be, that is the question'? I said 'Merry Christmas and Happy New Year'. The teachers always say 'Hurry up'. Tell everybody Betty is the best.
**4. a.** do. **b.** make. **c.** do. **d.** make. **e.** autre. **f.** do. **g.** autre.
**5.** Did you **make** breakfast this morning? My sister always **does** her homework late at night. I only **made** three mistakes in my English test. We can **make** some sandwiches for the party tonight. My brother **does** a lot of sport at his new school. Can you **do** me a favour and get me some stamps? What does your father **do** for a living? My father sometimes **does** the cooking at the weekend.
**6.** It'll do you good. What are you doing here? Will you make a cake? I can't do sport.

## LES QUESTIONS AVEC 'HOW' — PAGE 42

**1.** How often do you go to the cinema? How many CDs has your brother got? How far is it to the nearest bus stop? How long is the River Seine? How much did your new trainers cost? How old is your sister? How long ago did you move to Paris? How tall is the Eiffel Tower? How much did you pay for it?
**2.** How far from London is Glasgow? How long did they stay in Italy? How often do you go to the stadium? How high is the Chrysler Building? How long can you stay under water? How old is Timothy's sister? How long ago did you get Ted's letter?

## BRITISH ENGLISH / AMERICAN ENGLISH — PAGE 43

**1. UK :** metre, neighbour, telegramme, apologise, catalogue, colourful, harbour, flavour.
**US :** meter, neighbor, telegram, apologize, catalog, colorful, harbor, flavor.
**2. UK :** Don't take the lift. Where are my trousers? Did you see the postman? **US :** Don't take the elevator. Where are my pants? Did you see the mailman?

# MÉMO

| pronoms personnels sujet | pronoms personnels complément |
|---|---|
| I | me |
| he, she, it | him, her, it |
| we | us |
| you | you |
| they | them |

| adjectifs possessifs | pronoms possessifs |
|---|---|
| my | mine |
| his, her, its | his, hers |
| our | ours |
| your | yours |
| their | theirs |

## Quelques verbes irréguliers

| base verbale | passé |
|---|---|
| become | became |
| begin | began |
| blow | blew |
| break | broke |
| build | built |
| buy | bought |
| catch | caught |
| come | came |
| cut | cut |
| do | did |
| drink | drank |
| drive | drove |
| eat | ate |
| fall | fell |
| feel | felt |
| find | found |
| forget | forgot |
| fly | flew |
| get | got |
| give | gave |
| go | went |
| grow | grew |
| hear | heard |
| hold | held |
| know | knew |
| keep | kept |
| leave | left |
| lose | lost |

| base verbale | passé |
|---|---|
| make | made |
| meet | met |
| put | put |
| read | read |
| ride | rode |
| ring | rang |
| run | ran |
| say | said |
| see | saw |
| send | sent |
| sell | sold |
| shine | shone |
| sing | sang |
| sit | sat |
| sleep | slept |
| speak | spoke |
| spend | spent |
| steal | stole |
| swim | swam |
| take | took |
| tell | told |
| think | thought |
| wake | woke |
| wear | wore |
| win | won |
| write | wrote |

*Édition : S. Jouan. Révision des textes : M. Bruant.*
*Suivi graphique : J. Sayaphoum. Fabrication : J.-P. Dore.*
*Mise en page : Linéale Production.*

N° éditeur : 10142155
Dépôt légal : avril 2007
Imprimé en France
par Mame (07032153)

LES BASIQUES

# LIVRET

# Vocabulaire anglais 5e

**Petit lexique de poche en treize fiches thématiques illustrées.**

Bordas

# Avant-propos
# *Foreword*

Tu trouveras dans ce livret le **vocabulaire anglais de base** de la **vie courante**.

Tu ne peux pas utiliser les constructions anglaises que tu connais sans avoir à ta disposition "le mot anglais pour dire..." / **"the English for..."**.

Il est donc indispensable d'apprendre un minimum de vocabulaire que tu enrichiras au fil des années.

Le livret comporte treize fiches qui présentent le vocabulaire par thème ; par exemple : **Health** la santé, **Information Technology** l'informatique, **Feelings** les sentiments...

Une partie de la fiche est illustrée car l'**apprentissage** est ainsi plus **agréable**, et il est plus **facile** de **mémoriser** les **mots** quand ils sont associés aux **images**.

Pour chaque thème tu trouveras, sous les illustrations, des **verbes** et **expressions** utiles. Efforce-toi de les apprendre et de les retenir. Essaie aussi de les réutiliser le plus souvent possible.

Si tu connais les mots, si tu sais les écrire et les prononcer correctement, tu auras rapidement le plaisir de comprendre et d'être compris.

## In town / *En ville*

1. **car** / voiture
2. **shop** / boutique
3. **traffic-lights** / feux tricolores
4. **lamppost** / réverbère
5. **pavement** / trottoir
6. **bus stop** / arrêt de bus
7. **pedestrian** / piéton
8. **road** / chaussée
9. **zebra crossing** / passage piéton
10. **traffic-sign** / panneau de signalisation

### Shops in town

**stationer's** / papeterie
**greengrocer's** / marchand de légumes
**baker's** / boulangerie
**butcher's** / boucherie
**chemist's** / pharmacie
**hairdresser's** / salon de coiffure
**jeweller's** / bijouterie
**dry cleaner's** / nettoyage à sec
**travel agent's** / agence de voyage
**newsagent's** / marchand de journaux
**florist's** / fleuriste
**fishmonger's** / poissonnerie

### *Verbs*

**to go straight on** / aller tout droit

**to turn (left/right)** / tourner (à gauche/à droite)

**to go past** / dépasser, passer devant

### *Expressions*

**It's on the left/right.**
C'est à gauche/à droite.

**Paint the town red.**
Faire la fête/la bringue.

## Health / *La santé*

He's got a headache.

She's got a toothache.

He's got a temperature.

She's got a backache.

He's got a sore throat.

She's got a cold.

He's got stomach-ache.

### *Verbs*

**to sneeze** / éternuer
**to cough** / tousser
**to shiver** / frissonner
**to sweat** / transpirer
**to bleed** / saigner
**to blow one's nose** / se moucher

### Sicknesses and illnesses / *Maladies*

**a cold** / un rhume
**flu** / la grippe
**measles** / la rougeole
**mumps** / les oreillons
**rabies** / la rage
**cancer** / le cancer
**AIDS** / le sida

### *Expressions*

**Get well soon.**
Meilleure santé.

**It doesn't hurt.**
Ça ne fait pas mal.

**What's wrong with you?**
Qu'est-ce qui ne va pas ?

**It's nothing serious.**
Ce n'est rien de grave.

**I don't feel well.**
Je ne me sens pas bien.

# In the bathroom / *Dans la salle de bain*

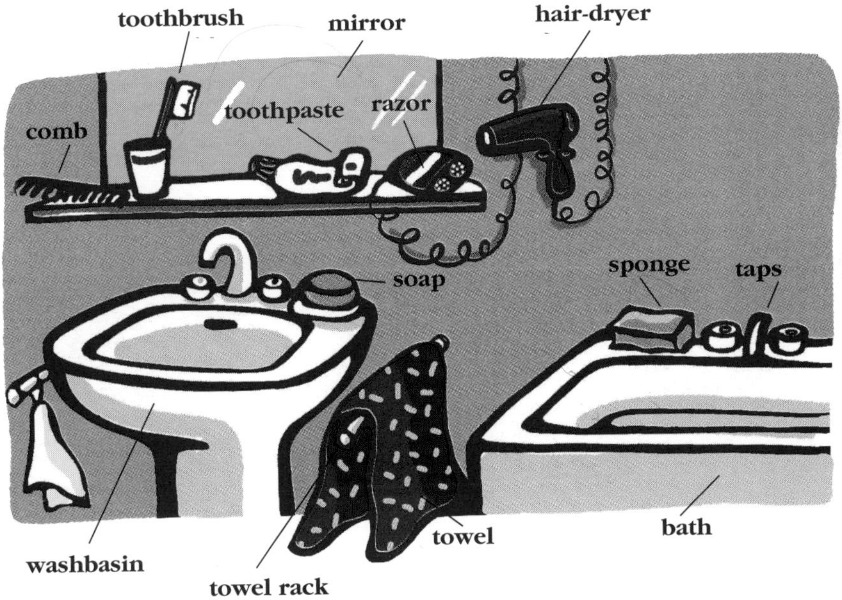


*Verbs*

**to brush** / brosser
**to comb** / peigner
**to clean** / nettoyer
**to wash** / (se) laver
**to dry** / (se) sécher

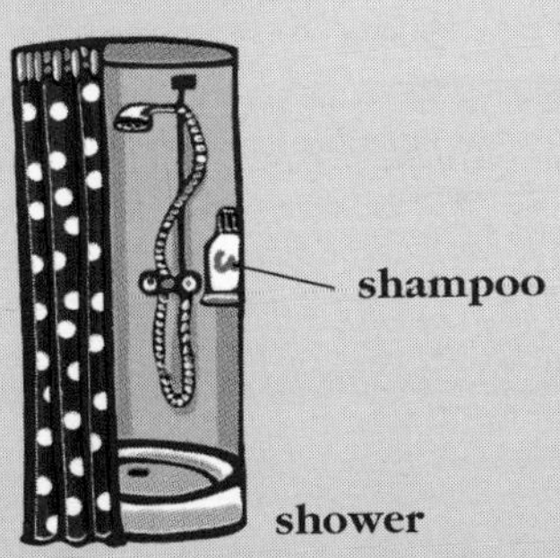


*Expressions*

**to have/take a shower/a bath**
prendre une douche/un bain

**to put on make-up**
se maquiller

**to take off make-up**
se démaquiller

**to shave/have a shave**
se raser

**She's washing her hair.**
Elle se lave les cheveux.

**Wash your hands.**
Lave-toi les mains.

**Do your hair.**
Coiffe-toi.

# Animals / *Les animaux*

lion

tiger

elephant

giraffe

zebra

monkey

bear

kangaroo

crocodile

## Verbs

**Animal sounds / *Les cris d'animaux***

**Lions roar.** Les lions rugissent.
**Cats miaow.** Les chats miaulent.
**Horses neigh.**
Les chevaux hennissent.
**Ducks quack.**
Les canards cancannent.
**Cows moo.** Les vaches meuglent.
**Pigs grunt.** Les cochons grognent.
**Snakes hiss.** Les serpents sifflent.

## Expressions

**He swims like a fish.**
Il nage comme un poisson.

**Don't let the cat out of the bag.**
Ne révèle pas le secret.

**A busy bee.**
Personne qui s'active.

**As gentle as a lamb.**
Doux comme un agneau.

**Play a cat and mouse game.**
Jouer au chat et à la souris.

**We're having a whale of a time.**
On s'amuse bien.

## By the sea / *Au bord de la mer*

**a beach** / une plage

1. **suntan lotion** / crème solaire
2. **sunglasses** / lunettes noires
3. **swimsuit** / maillot de bain
4. **shells** / coquillages
5. **airbed, lilo** / matelas pneumatique
6. **starfish** / étoile de mer
7. **sand** / sable
8. **towel** / serviette
9. **rocks** / rochers
10. **waves** / vagues
11. **surfboard** / planche à voile
12. **sea** / mer

### *Verbs*

**to swim** / nager
**to go for a swim** / aller se baigner
**to go surfing** / faire du surf
**to go fishing** / aller à la pêche
**to go waterskiing** / faire du ski nautique
**to sunbathe** / prendre un bain de soleil/se faire bronzer
**to dive** / plonger
**to go paddling** / patauger

### *Expressions*

**to lie on the beach**
être étendu(e) sur la plage

**high tide**
marée haute

**low tide**
marée basse

**to make sand castles**
faire des châteaux de sable

**like a fish out of water**
comme un poisson hors de l'eau

# Hobbies and leisure / *Les loisirs*

**You can...**

**play cards**

**do a crossworld puzzle**

**read**

**play chess**

**do a jigsaw puzzle**

**play a computer game**

**do gardening**

### *Verbs*

**to collect** / collectionner, faire la collection de
**to play** / jouer à/de
**to draw** / dessiner
**to do sport** / faire du sport
**to take pictures** / faire des photos

### *Expressions*

**About television**

**What's on TV tonight?**
Qu'est-ce qu'il y a à la télé ce soir ?

**What time's the film on?**
À quelle heure est le film?

**Can you turn the TV up/down / on/off?**
Peux-tu monter le son/baisser le son / allumer/éteindre la télé ?

**What's on the other channels?**
Qu'est-ce qu'il y a sur les autres chaînes ?

**I'm a TV addict.**
Je suis fan de télé.

**Where's the remote control?**
Où est la télécommande ?

## **Cooking** / *La cuisine*

### *Verbs*

**to peel** / éplucher
**to slice** / couper en tranches
**to chop, to cut up** / couper
**to mash** / écraser (en purée)
**to poach** / pocher
**to mix** / mélanger
**to season** / assaisonner
**to roast** / faire rôtir
**to pour** / verser

### *Expressions*

**She's a good cook.**
Elle fait bien la cuisine.

**You can't make an omelette without breaking eggs.**
On ne fait pas d'omelette sans casser d'œufs.

**It's no use crying over spilt milk.**
Ce qui est fait est fait (inutile de pleurer sur du lait renversé).

## **Travel and transport** / *Les voyages et les transports*

train

ship

car

plane

helicopter

coach

underground

double-decker

taxi

motorbike

### *Expressions*

**By plane**

**The flight takes two hours.**
Le vol dure deux heures.

**What time does your plane take off/land?** À quelle heure votre avion décolle-t-il/atterrit-il ?

**Please fasten your seatbelts.**
Attachez vos ceintures, s'il vous plaît.

**Can I see your passport, please?**
Puis-je voir votre passeport, s'il vous plaît ?

**By train**

**(Can I see your) ticket, please?**
Billets, s'il vous plaît.

**I'd like a day return to London, please.**
Je voudrais un aller-retour pour Londres, s'il vous plaît.

**The next train to Paris leaves from platform 2.**
Le prochain train pour Paris part du quai n° 2.

**Is it direct or do I have to change?**
C'est direct ou je dois changer ?

# **Information technology** / *L'informatique*

a computer

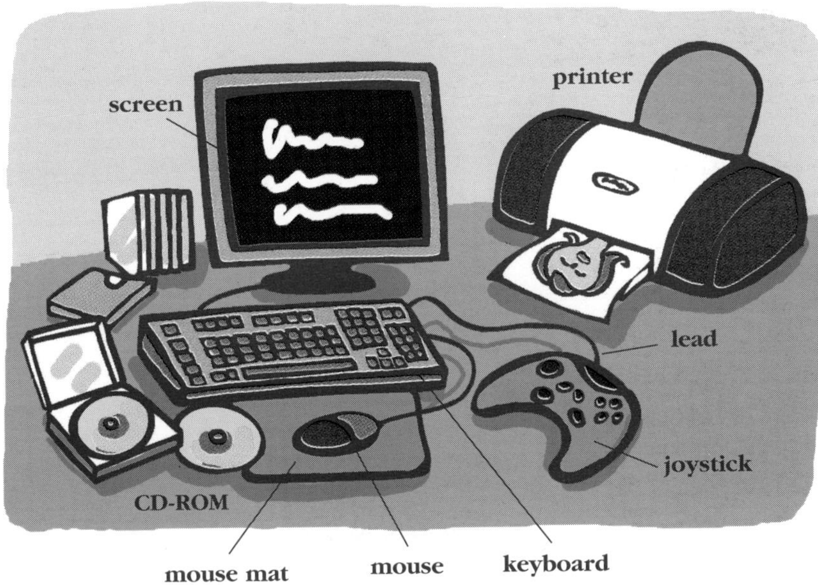


### *Verbs*

***...a file** / ...un fichier*

**to copy** / copier
**to name** / nommer
**to rename** / renommer
**to save** / enregistrer
**to delete** / supprimer
**to erase** / effacer

***...a disk** / ...un disque*

**to insert** / insérer
**to format** / formater
**to eject** / éjecter
**to remove** / enlever

### *Expressions*

**You install software.**
On installe un logiciel.

**You connect to the Internet.**
On se connecte à Internet.

**You type in a website address.**
On tape une adresse.

**You browse/search a website.**
On parcourt un site.

**You download information.**
On télécharge des informations.

**You double click on...**
On double clique sur...

**You send an e-mail.**
On envoie un courriel/mél.

# Law and order / *L'ordre public*

traffic warden

police station

prisoner

police cell

a tribunal

**Crimes and criminals**
***Délits et délinquants***

**hijacking** / détournement (avion) → **a hijacker**
**burglary** / cambriolage → **a burglar**
**kidnapping** / enlèvement → **a kidnapper**
**shoplifting** / vol à l'étalage → **a shoplifter**
**robbery** / vol → **a robber**
**theft** / vol → **a thief**
**vandalism** / vandalisme → **a vandal**
**hooliganism / a hooligan**
**mugging** / aggression → **a mugger**
**murder** / meurtre → **a murderer**

*Expressions*

**It is against the law.**
C'est contraire à/interdit par la loi.

**My wallet was stolen.**
On m'a volé mon portefeuille.

**Be on trial.**
Passer en jugement.

**He was found guilty.**
Il a été déclaré coupable.

## Describing objects / *La description d'objets*

1. square
2. triangle
3. circle
4. rectangle
5. cube
6. pyramid
7. cylinder
8. cone
9. vertical line
10. straight line
11. wavy line
12. curved line
13. horizontal line
14. dotted line

### Materials / *Matières*

**paper** / papier
**stone** / pierre
**plastic** / plastique
**glass** / verre
**metal** / métal
**iron** / fer
**steel** / acier
**gold** / or
**silver** / argent
**cotton** / coton
**wool** / laine
**silk** / soie
**concrete** / béton
**wood** / bois

### *Expressions*

**What shape is it?**
Quelle est sa forme ?

**What's it made of?**
De quoi est-ce fait ?
C'est en quoi ?

**What's it for?**
À quoi ça sert ?

**What's it like?**
Comment est-ce ?

**What does it look like?**
À quoi ça ressemble ?
De quoi ça a l'air ?

## **Jobs in the home** / *Les travaux domestiques*

ironing

dusting

washing-up

drying-up

sweeping

hoovering

### *Verbs*

**You do...** / *On fait...*
**the washing** / le lavage
**the washing-up** / la vaisselle
**the shopping** / les courses
**the cooking** / la cuisine
**the ironing** / le repassage
**the dusting** / la poussière
**the hoovering** / l'aspirateur

**You make...** / *On fait...*
**the beds** / les lits
**breakfast** / le petit-déjeuner
**a shopping list** / une liste de courses

### *Expressions*

**Put your feet up.**
Se reposer un peu.

**Have a rest.**
Repose-toi.

**I'll give you a hand.**
Je vais t'aider.

**I hate housework.**
Je déteste le ménage.

**Can you put the rubbish out?**
Peux-tu sortir la poubelle ?

# Feelings / *Les sentiments*

## Verbs

**to smile** / sourire
**to laugh** / rire
**to cry** / pleurer
**to weep** / pleurer
**to frown** / froncer les sourcils
**to blush** / rougir

## Expressions

**How do you feel?**
Comment te sens-tu ?

**He's in a good mood.**
Il est de bonne humeur.

**He's in a bad mood.**
Il est de mauvaise humeur.

**She's in love.**
Elle est amoureuse.

**I'm really fed up.**
J'en ai vraiment marre.

**She's over the moon.**
Elle est ravie.

**You're a pain in the neck.**
Tu es un/une casse-pieds.

**He's on cloud nine.**
Il est aux anges.